BUZZ

© Buzz Editora, 2020

Publisher ANDERSON CAVALCANTE
Projeto gráfico ESTÚDIO GRIFO
Editora SIMONE PAULINO
Editora assistente LUISA TIEPPO
Assistentes de design NATHALIA NAVARRO, FELIPE REGIS
Revisão ANTONIO CASTRO

---

Dados Internacionais de Catalogação na Publicação (CIP)
de acordo com ISBD

---

Tranjan, Roberto
*Rico de verdade* / Roberto Tranjan
2ª edição. São Paulo: Buzz, 2020
160 pp.

ISBN 978-65-80435-16-6

1. Autoajuda. 2. Negócios.
3. Profissão. 4. Trabalho. I. Título.

| | CDD 658.4012 |
|---|---|
| 2019-974 | CDU 65.011.4 |

Elaborado por Odilio Hilario Moreira Junior CRB-8/9949

Índice para catálogo sistemático:
1. Autoajuda 158.1 / 2. Autoajuda 159.947

Buzz Editora
Av. Paulista, 726 – mezanino
CEP: 01310-100 São Paulo, SP

[55 11] 4171 2317
[55 11] 4171 2318
contato@buzzeditora.com.br
www.buzzeditora.com.br

# RICO DE VERDADE
## ROBERTO TRANJAN

## DO TRANSITÓRIO AO TRANSCENDENTE

Tem o que passa e o que não passa. Por trás da riqueza, existem ambições. Ambas podem ser transitórias ou transcendentes. Depende de sua qualidade e, também, da qualidade da busca.

*Rico de verdade*, agora em nova edição, transcende o tempo. Tanto pelo tipo de riqueza que propõe – a *metarriqueza* –, apresentada na primeira parte do livro, como pela qualidade da busca, sobre a qual discorro na segunda. Alvo e seta, portanto. A seta busca o alvo, o alvo atrai a seta. Um movimento virtuoso e de autorreforço.

A perenidade da obra se dá pela consistência de seus ensinamentos. Ao invés de dicas fáceis, mas transitórias, optei por lições que perpetuam a riqueza humana desde os seus primórdios. Alicerces sólidos, não castelos de areia, bem ao gosto de leitores exigentes.

*Rico de verdade* tornou-se livro de cabeceira para muitos deles. Pode ser lido e relido todos os dias, individualmente ou em grupo. Foi feito para aprender e inspirar. É isso que o torna transcendente.

A nova edição traz a estética da Buzz Editora, feita com arte, esmero e cuidado. A todos os primorosos profissionais envolvidos, a minha estima e gratidão.

Abençoada seja a riqueza que faz bem, enquanto faz o bem. Que seja semeada todos os dias!

*Roberto Tranjan*
primavera de 2020

**8**  Introdução
*Metarriqueza*:
um novo jeito de enriquecer

**13  I  PARA A TOMADA DE CONSCIÊNCIA**
  1  Eis que chega a roda-viva
  2  A realidade distorcida
  3  Reféns das próprias miragens
  4  O avesso da riqueza
  5  As dimensões da riqueza
  6  O infinito mundo da abundância

**88  II  PARA A EXPANSÃO GRADUAL DE COMPETÊNCIAS**
  7  A virtude da atenção
  8  A virtude da integridade
  9  A virtude da entrega
  10  A disciplina das disciplinas
  11  A riqueza nutre-se da riqueza

**149**  Epílogo
A maior riqueza

**151**  Quadro-síntese

**154**  Bibliografia comentada

# INTRODUÇÃO

# METARRIQUEZA[1]: UM NOVO JEITO DE ENRIQUECER

### Alguma coisa está fora da ordem

Somos, cada um de nós, uma promessa de evolução e prosperidade. Nascemos para sermos bem-sucedidos na empresa, na profissão, na carreira. Seja você empregador ou empregado, empreendedor ou executivo, profissional liberal ou autônomo, o seu trabalho existe para gerar riquezas. E também é esse o propósito de organizações, empreendimentos e negócios. Ou melhor, é assim que deveria ser. Mas alguma coisa está fora da ordem.

Nem todos conseguem realizar essa promessa de evolução e prosperidade. Olhe ao seu redor. Algumas pessoas trabalham muito, esforçam-se demais, mas colhem muito pouco para tanto sacrifício. Acreditam que serão ricas e felizes, mas acabam infelizes, mergulhadas na precariedade. É assim com muitas pessoas; é assim com as empresas que sobrevivem à míngua.

Se a nossa natureza é de evolução, de expansão e tem como fermento uma promessa de prosperidade, então o que está acontecendo? Se produzir riquezas é inerente ao talento humano, então o que nos limita?

Continue olhando ao seu redor. Está aí, bem à vista, o impressionante progresso econômico gerado pelas organizações e pelos avanços da tecnologia. É surpreendente constatar o que somos capazes de fazer hoje, comparado ao que era possível realizar algumas décadas atrás.

Esse deslumbramento, no entanto, esvai-se, quando, perplexos, percebemos no que se transformou a nossa vida e a dos que nos cercam. As pessoas trabalham muito mais do que antes,

---

[1] "A palavra *meta*, na origem grega, significa 'além', 'superior', 'transcendência'. Portanto, o termo *metarriqueza* é um conceito criado pelo autor para definir uma riqueza que vai além, que transcende a mera riqueza."

queixam-se da falta de tempo para se dedicar a relacionamentos pessoais, culpam-se por não acompanhar – como gostariam – o crescimento dos filhos e ressentem-se de falta de satisfação no dia a dia, embora tenham alcançado o patamar de crescente prosperidade material.

As empresas estão ficando financeiramente mais ricas, e as vidas, mais empobrecidas.

Pare e pense: como é que anda seu lado estritamente pessoal? É rico, nas mais variadas formas, porque repleto de atividades altamente prazerosas, ou cada vez mais reduzido em perspectivas, de maneira a empobrecer também quem vive ao seu redor? Ou você está acumulando riquezas apenas materiais que servem só para si mesmo, e parecem esgotar-se tão logo alcançadas, porque sua atenção se volta para outras que lhe parecem mais interessantes?

Existem certos tipos de riqueza que devoram a nossa vida como uma draga e deixam-nos atordoados, com um estranho gosto amargo na boca.

Nem toda riqueza é, portanto, salutar. O mundo cresceu em opulência, mas a cada dia constatamos a miséria alastrando-se por toda parte. E sempre encontramos a quem culpar por isso, sem perceber a nossa própria parcela de culpa nessa subtração.

### Um novo jeito de enriquecer

Acredite! Existe um outro jeito de enriquecer, diferente desse que consome os nossos dias entre a árdua labuta e o entediante usufruto. Mas, para alcançá-lo, é preciso olhar para além da mera riqueza, essa que nos é apresentada todos os dias tal qual um canto de cisne. Preste atenção nisso, porque é o detalhe que faz toda a diferença: essa riqueza que perseguimos com sofreguidão é, em geral, a armadilha na qual muitos de nós caímos. É ela que nos impede de ir além. É ela que nos faz sabotar uma riqueza mais plena.

Sim, por incrível que pareça, sabotamos o acesso a uma riqueza superior. Pensamos em um trabalho com significado e deparamos com um fardo diário repetitivo e interminável. Pensamos em exercer a profissão com lealdade, mas nos flagramos abrindo precedentes com os quais nem sempre estamos de acordo. Pensamos numa empresa ética, mas fazemos concessões em prol do aumento dos lucros.

Precisamos almejar as riquezas que estão além da mera riqueza! Somente assim seremos capazes de viver uma vida plena, rica em todos os seus aspectos. Viver uma vida mais rica é acreditar na promessa da abundância. Mas optar por uma vida de abundância é fácil. Quem não a deseja? Difícil é decidir e comprometer-se com essa decisão. E é aí que está o desafio!

### Muito além da riqueza

Deveria ser uma grata obrigação de todo trabalho e de toda empresa fazer as riquezas se expandirem para o mundo ao seu redor. Como um poderoso reflexo do que acontece internamente, com cada um de nós, enquanto produzimos riquezas.

Entenda por expansão de riquezas a capacidade que um trabalho ou uma empresa possui de transformar o ambiente, a fim de produzir abundância contínua em vez de escassez. Por exemplo: desperdiçar o tempo, a vida e a saúde enquanto se acumula dinheiro é o contrário de construir a verdadeira riqueza. Podemos definir *metarriqueza*, por ora, como a abundância que não gera escassez. O ganho de hoje que gera escassez amanhã não é riqueza. É antirriqueza.

Restringir-se apenas à mera riqueza impede que a riqueza se expresse em toda a sua plenitude. *Metarriqueza* é a riqueza em todas as suas esferas: material, social, psicológica, espiritual; é a riqueza que, sobretudo, tem o poder de nos fazer seres humanos melhores.

## A busca da *metarriqueza*

Se você tem um cargo, uma profissão ou um negócio e pretende transformá-los em fontes de verdadeiras riquezas, então este livro é para você. Recomendo uma leitura reflexiva, ora olhando as pessoas ao seu redor, ora olhando para si. Corajosa e internamente. É preciso saber onde mora a riqueza, bater na porta certa e encontrá-la, de braços abertos, pronta para nos acolher.

Este é um livro que trata dos porquês e dos comos. Um sentido de urgência é positivo, mas saiba construir o seu processo de forma consistente. Você encontrará orientação para a boa práxis, organizada na forma de virtudes e disciplinas, na segunda parte do livro. Essas práticas são de grande valia, principalmente se antes forem reconhecidos e questionados os fatores que restringem a *metarriqueza*, os quais são discutidos na primeira parte. Beba da boa água, mas antes esvazie o copo das impurezas.

O desafio está lançado. As pistas para encontrar respostas você recolherá ao longo da leitura. É uma promessa que envolve interação. A minha parte é preencher as folhas deste livro com palavras, ideias e sentimentos que ofereçam a você algum significado. A sua, leitor, é enxergar o complemento essencial, em geral oculto nos espaços em branco. Esse complemento é a sua parte. Será elaborado a partir do seu repertório pessoal. O importante é que estaremos juntos a cada página, em diálogos e personagens reais e imaginários.

"Afinal, este livro vai me ajudar a ganhar dinheiro?" – Você pode estar se perguntando neste momento.

"Claro que sim, o dinheiro faz parte da riqueza material e esta faz parte da *metarriqueza*. Proponho ainda mais: pretendo provocá-lo e instigá-lo a ir além. Prossiga, portanto, em busca da sua *metarriqueza*. Os resultados serão, sem dúvida, altamente recompensadores!"

Viu? Nosso diálogo já começou. Então, vamos em frente. Temos, juntos, uma boa travessia a fazer.

# PARA A TOMADA DE CONSCIÊNCIA

# 1  EIS QUE CHEGA A RODA-VIVA

### "A gente vai contra a corrente"

Nadar contra a corrente é uma luta inglória. Como a corrente representa o fluxo natural da vida, mergulhar nesse fluxo é ir ao encontro da riqueza onde ela nos espera. Mas, paradoxalmente, fazemos o contrário, como um náufrago que não respeita as marés, afastando-se cada vez mais da terra firme.

Lutamos contra a corrente quando adotamos comportamentos que ferem a ordem natural da vida. Com isso, despendemos mais esforços do que seria necessário para obter os resultados que pretendemos. E muitas vezes destruímos riquezas em vez de produzi-las. Pior que isso: com frequência produzimos misérias, certos de estarmos produzindo riquezas.

Veja se você reconhece os comportamentos sabotadores das riquezas. Todos eles começam com a letra D. São os três D's da escassez.

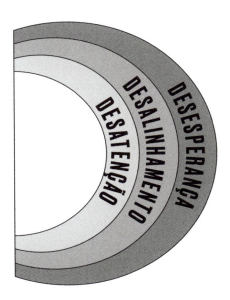

## A desatenção

O que está gravado no verso de uma moeda de 50 centavos? Não sabe? Não se lembra? É possível que você tenha, neste mesmo instante, uma delas no bolso, na bolsa ou no porta-níquel. É bem possível que não passe um dia sem ter alguma à mão, para completar a conta do café expresso. Mas é provável que nunca tenha prestado atenção no que está gravado do outro lado da moeda. Não que você não veja: você simplesmente não vê com atenção.

Também é assim com outras coisas da vida, é assim com os nossos relacionamentos, é assim diante das oportunidades. Ligamos o piloto automático e seguimos em frente. Ou você nunca se surpreendeu ao descobrir, pasmado, que a loja que lhe parece nova está ali, naquele mesmo lugar, no bairro onde você mora, há mais de dois anos?

Pense na última compra que fez. Como era o vendedor, a balconista ou o caixa? Como a pessoa estava vestida, qual era a cor do seu cabelo, que outras características possuía? Você a chamou pelo nome? Aliás, você é capaz de lembrar o nome dessa pessoa? Ou, antes, perguntou qual era o nome dela?

Sei que parece pedir demais... Mas você provavelmente não interagiu com ela como se fosse uma pessoa, apenas com sua função, ou seja, de vendedora, balconista ou caixa. Certamente prestou mais atenção no troco a receber do que no ser humano, do outro lado. Afinal, não havia razão, nem tempo, para perceber algo mais.

Como você descobre e usa novas maneiras de ver? Como você começa a observar além dos limites da sua própria visão e capta detalhes capazes de conduzir seu foco em outra direção, diferente da corriqueira?

Atenção é uma palavra nobre e rara, assim como interesse... Seguimos em frente, alheios a tudo o que nos cerca. E não damos atenção às pessoas. Esquecemos datas importantes e deixamos passar momentos que poderiam ser emocionantes, caso estivéssemos realmente presentes. Não retornamos recados telefônicos nem mensagens. Ignoramos que a riqueza que almejamos pode estar naqueles cinco minutos que gastaríamos ao telefone atendendo a um chamado aparentemente sem a menor importância. Preferimos orientar o atendente, a recepcionista, a secretária a enganar: "Diga que não estou".

A desatenção invade cinemas, teatros, igrejas, restaurantes, auditórios. Ou você nunca deparou com aqueles trinados sinfônicos e inconvenientes de telefones celulares invadindo ambientes públicos? Sem a menor cerimônia ou consideração pelas pessoas à sua volta, a criatura desatenciosa pensa apenas nas próprias necessidades. Ignora o direito alheio. E é assim também nas reuniões na empresa para a tomada de decisões, em que os desatenciosos olham mais para as telas de seus *notebooks* sempre ligados do que para seus pares, da mesma forma que "esquecem" de desligar seus celulares, atendendo a toda e qualquer chamada, não importa o quanto isso atrapalhe o andamento daquele compromisso.

Temos pressa!

As ameaças e as premências do mundo fazem que adotemos comportamentos mesquinhos que afastam a riqueza. Não fosse assim, boa parte de nós evitaria levar uma vida tão desatenta e desarvorada. Ou você nunca viveu (ou viu) aquela situação de falar ao celular enquanto lê e-mails e confere relatórios? Ou (pasme), enquanto joga futebol ou tênis, no jantar com a família, quando está de férias ou passeando nos feriados?

A pessoa desatenciosa é produto da maneira como olha a realidade. É aquela que diz que é preciso "matar um leão por dia" – já ouviu essa frase?

A desatenção é o primeiro D que sabota a capacidade que todos possuímos de gerar riquezas. Quando fazemos muitas coisas ao mesmo tempo, não colocamos paixão em nenhuma delas. Acionamos o piloto automático e lá vamos nós, repetindo-nos todos os dias em uma interminável e enfadonha rotina de trabalho e vida.

Vivemos a síndrome da pressa. Não suportamos a demora para baixar um arquivo no computador, nem esperamos a parada total do avião para desafivelar o cinto de segurança. Os recursos tecnológicos acentuaram esse frenesi: o celular que facilita o envio e recebimento de mensagens, os *notebooks* e *tablets* que permitem acessar a internet de qualquer lugar e a qualquer hora. Sofremos de uma compulsão pela produtividade.

Herança da velha economia, a busca pela produtividade afetou não apenas as organizações, mas a vida das pessoas. Queremos mais com menos, não importa se esse mais seja menos em grandeza e intensidade. É a atendente que cumpre a meta de despachar o cliente ao telefone no menor tempo possível. É a companhia aérea preocupada em lotar as poltronas, ainda que para isso tenha de atrasar ou cancelar voos. Ou vender mais assentos do que o avião efetivamente possui, de maneira que se todos chegarem a tempo, alguns não embarcarão.

Fazer mais com menos passou a ser uma obsessão.

É como aquela anedota do executivo que havia recém-terminado seu curso de MBA e foi convidado para um concerto. O programa era a Sinfonia Inacabada de Franz Schubert. Quando a sessão terminou, o executivo escreveu o seguinte relatório:

1. Durante períodos consideráveis, os quatro músicos que tocavam oboé não tinham nada para fazer. Poderiam ser eliminados e suas funções distribuídas a outros integrantes da orquestra, do grupo de sopros, que também permaneceram ociosos, em vários momentos.
2. Quarenta violinos tocaram notas idênticas, o que me parece uma duplicação desnecessária. Essa parte da orquestra poderia ser drasticamente reduzida. Para um maior volume, bastaria usar amplificadores.

3. Houve muito esforço na execução de bemóis e sustenidos. Isso parece um refinamento desnecessário. Portanto, recomendo que todas as notas sejam arredondadas para a próxima nota simples. Se isso for feito, poderão ser usados estagiários e operadores não especializados, a um custo menor.
4. Não vejo nenhuma finalidade prática no fato de os metais repetirem passagens já executadas pelas cordas. Se todas fossem eliminadas, o concerto poderia ser reduzido a vinte minutos.

De onde vem tamanha obsessão pela produtividade? Os economistas responderão implacavelmente: é uma condição para se obter ganhos de escala. Mas são esses mesmos economistas que definem a economia como a ciência que estuda a escassez.

### A pressa de Lélla

**Lélla:** Espere aí, Roberto. Talvez você não saiba, mas estamos na era da velocidade! O mercado não espera, as metas de vendas também não esperam. – argumenta Lélla, enquanto espia as mensagens no seu celular. E continua o discurso: – A guerra hoje é entre os rápidos e os lentos. E os lentos serão engolidos com farinha pelos mais ligeiros. Não há tempo a perder!

**Roberto:** Lélla, de nada adianta toda essa pressa para ir a lugar nenhum. Você quer resultados, não é? Pois bem! Enquanto não parar com esse corre-corre, a riqueza passará pela sua janela e você nem vai perceber...

**Lélla:** Você fala bonito, mas não conhece o meu mercado: é diferente de tudo o que já viu. Aqui na empresa somos cobrados diariamente: o que foi faturado, o que não foi faturado, o que falta faturar. Você não conhece o nosso negócio. A competição é cruel!

Lélla sacode a cabeça e seus grandes brincos lançam faíscas de luz no ambiente. Demonstra bem seu inconformismo enquanto tecla furiosamente, respondendo algumas mensagens.

**Lélla:** Embora seja a responsável pela área comercial, eu sou cobrada diariamente pelo diretor da empresa.

**Roberto:** Sei que não deve ser fácil, mas...

**Lélla:** Você sabe, né? Não há espaço para cochilos. E digo mais: sem produtividade você está fora do jogo! – diz, com convicção, enquanto atende a uma chamada no celular. – Faço três coisas ao mesmo tempo. É assim que eu funciono. Tem uns vendedores na minha equipe que na certa iam perder se apostassem corrida com uma tartaruga.

**Roberto:** Claro que produtividade é importante, Lélla. Apenas não é suficiente. O mercado é mais complexo e exigente do que isso.

**Lélla:** Aliás, não gostei daquela historinha sobre o executivo que escreveu um relatório sobre a Sinfonia Inacabada de Franz Schubert. Você sabe, né? Vale como piada, mas a vida real é diferente do que você imagina. Precisamos fazer os ajustes, as adequações... – Disse isso olhando mais uma vez para a tela do computador.

**Roberto:** Lélla, é só um jeito caricato de dizer que muitas vezes criamos a nossa própria escassez. E bem que você podia reagir menos e refletir mais. Falarei sobre isso mais adiante.

**Lélla:** Deixe de onda, Roberto! Abra logo o jogo. Não tenho tempo a perder! – Lélla tenta adotar o estereótipo profissional masculino, mas em vão. Sua essência feminina fala mais alto.

**Roberto:** Sei disso, mas que tal ir devagar já que você está com tanta pressa?

Dizem que a pressa é inimiga da perfeição. Pois gostaria de fazer um reparo nesta máxima: "A pressa é a melhor amiga da desatenção. E juntas costumam fazer bons estragos!".

## O desalinhamento

Uma aldeia preparava a comemoração de gala para o Ano-Novo. Cada morador dispôs-se a contribuir com uma garrafa de vinho, despejando-a em um gigantesco tonel colocado no meio da praça. Na noite da festa, os anciãos da comunidade abriram as torneiras e convidaram o povo a se servir. Quando as pessoas ergueram os copos para brindar, perceberam que estavam cheios de água. Todos haviam tido a mesma ideia: como os meus vizinhos estão trazendo vinho, ninguém vai notar se eu colocar uma garrafa de água dentro do tonel.

O seu comportamento representa verdadeiramente a sua intenção?

O desalinhamento é o segundo D.

Desalinhar é o mesmo que desintegrar. E entenda por integridade o alinhamento dos nossos pensamentos, sentimentos e comportamentos aos nossos valores. Integridade é autenticidade. Somos incoerentes quando não vivemos os nossos valores, o conjunto que melhor nos representa. Ficamos desalinhados quando as nossas atitudes e ações não correspondem aos nossos valores. E quando não estamos inteiros, isso reduz também a nossa capacidade de gerar e obter riquezas.

Imagine a seguinte situação: você está abrindo a porta do elevador, no saguão, e ouve passos de alguém que se aproxima, ainda fora do seu campo de visão. Responda com honestidade: espera, gentilmente, a chegada da outra pessoa, ou ignora-a, entrando rapidamente no elevador e torcendo para que a porta feche bem rápido?

De vez em quando adotamos comportamentos mesquinhos que nos diminuem como seres humanos. E uma vez reduzidos, a nossa capacidade de enxergar oportunidades e construir riquezas diminui também, na mesma medida. Nada que façamos, por menor ou mais insignificante que nos pareça, é isento de consequências.

Faça um exame de consciência: você sente completa satisfação com a maneira como se relaciona com amigos, colegas de trabalho, funcionários ou superiores? E com os clientes e concorrentes? E com os vizinhos? Você é a mesma pessoa em todas as situações? Você vive coerentemente de acordo com os seus propósitos e valores?

Se, ao responder a essas questões, você não se satisfez com o saldo, não se desespere! Todos nós cometemos um ou outro deslize aqui e ali. Enfrentamos, sim, situações de incoerência. Desperdiçamos tempo e esbanjamos recursos. Deixamos de dar a devida consideração aos que nos são importantes. Em resumo, desalinhamos o nosso comportamento da nossa busca pela *metarriqueza*.

### As artimanhas de Igor

Igor entra esbaforido na sala, falando ao celular. Enquanto se despede do interlocutor, cumprimenta-me com um aceno de mão.

**Igor:** Vou lhe confessar que – dirige-se a mim, mas já está conferindo recados espalhados sobre a mesa – negócios são negócios, amizades à parte.

**Roberto:** Mas por que os negócios precisam ser dissociados da amizade?

**Igor:** Para mim, amizade exige confiança irrestrita. Negócio é jogo! É preciso guardar uma carta na manga para usá-la na hora certa... – Igor examina o monitor em sua sala que capta as várias dependências da empresa.

**Roberto:** Mas negócios são relacionamentos, assim como uma amizade, Igor. A confiança é necessária nas duas situações.

**Igor:** Não é bem assim. Olha, tenho agido sempre dessa maneira, e não posso reclamar dos resultados. – Mostra um gráfico, na tela do seu notebook – Minha empresa tem se saído melhor do que a concorrência.

**Roberto:** Igor, preste atenção: você é um empresário ousado. Mas está mesmo satisfeito com todos os resultados obtidos?

**Igor:** Não posso reclamar. Veja, o EBITDA[2] da minha empresa tem crescido a cada ano.

**Roberto:** Sim, posso ver isso. Mas esse índice só diz respeito à questão financeira. Você e sua empresa podem bem mais do que isso!

**Igor:** Hã? – murmura, entre dentes, com ar de surpresa, quando entra a secretária e avisa, sem desculpar-se pela interrupção, que um fornecedor está na linha. – Diga que não estou!

Se ao desatencioso falta atenção e interesse, ao desalinhado falta inteireza. Não fosse a frequência com que deparamos com esses comportamentos inadequados, o mundo seria bem mais interessante.

Mas para complicar as coisas há o terceiro D: a desesperança. Ao desesperançado falta esperança e ânimo para buscar a riqueza em toda a sua plenitude.

### A desesperança

O desesperançado é aquele que não acredita em nada. Para ele, o ser humano é o macaco que não deu certo. Não acredita em ninguém. Vazio de sonhos, não alimenta utopias, não se compromete com projetos, não abraça causas. O mundo é o que é. Não há o que fazer diante das mazelas econômicas e sociais. Não há o que fazer diante da alienação e da ignorância. Para o desesperançado, as forças do mal sempre vencem. O crime compensa. Ele possui um imenso e sempre crescente arsenal de exemplos e situações para fundamentar suas crenças. Para ele, a luta é inútil.

---

[2] EBITDA é a abreviação de *Earnings Before Interest, Taxes, Depreciation and Amortization* que, em bom português, significa "lucros antes dos juros, impostos, depreciação e amortização".

Dois prisioneiros avistam o céu da mesma cela. Um vê as grades, outro vê as estrelas. Adivinhe quem é o desesperançado? Claro, acertou quem disse: o que só tem olhos para as grades. Diante de um copo d'água pela metade, o desesperançado lamenta a parte vazia.

Se o desesperançado obtém um aumento de salário, é provável que fique feliz com a conquista. Essa é a parte cheia do copo. Mas a sensação dura só até ele constatar que o colega ao lado foi brindado com um percentual maior que o seu. Pronto, já começa a se lamentar outra vez, pois só consegue perceber mesmo a parte vazia do copo.

É assim também com os resultados de sua empresa, até que ele os compara com os da concorrência. Em resumo: se o lucro da empresa aumenta, mas o do grupo de referência é maior ainda, você teria motivos para comemorar, mas só se queixa, lamentando estar abaixo da média. É paradoxal, mas é assim que funciona quando nossos olhos se fixam na direção errada.

Quem compara o seu rendimento com o de outro colega de profissão cai numa armadilha: passa a ser controlado pelo colega. O mesmo acontece com o empresário, ao pautar-se pelos números alheios. Ele morde a isca e passa a estar sob o controle do concorrente.

A comparação é a primeira armadilha que fisga o desesperançado, mas não é a única. Há também o redutivismo, ou seja, a lei do mínimo esforço. Ao contrário da excelência, que nos incentiva a oferecer o nosso melhor, o máximo, ir além e superar nossos limites, no redutivismo, a meta é fazer o menor esforço possível. O ser humano nasceu para avançar, evoluir, mas pode resvalar para o sentido oposto ao optar por essa conduta voltada ao retrocesso. Sim, isso é consciente, e que ninguém ouse dizer que o faz sem querer.

Alguém poderá pensar, diante disso, que o redutivista não se preocupa com resultados. Ele almeja, sim, resultados. Desde que para isso tenha de fazer apenas o movimento mais irrelevante. É como se, todo o tempo, ruminasse em silêncio perguntas para permanecer nesse estrito limite. Exemplos: qual é o mínimo que posso fazer para assegurar meu emprego? Qual é o mínimo que posso fazer para atingir a meta? Qual é o mínimo que posso fazer para pagar as contas? Qual é o mínimo que posso fazer para garantir meu sustento ou sobrevivência?

"Vai assim mesmo!" é a frase típica do redutivista na hora de entregar o serviço, a mercadoria, a informação, ou qualquer produto prometido ao cliente.

Como funciona na lei do mínimo esforço, o redutivista só é capaz de produzir precariedade – exatamente o reverso da riqueza.

Agora, preste muita atenção, porque tenho uma surpresa. Por incrível que pareça, as metas numéricas incentivam o redutivismo. E você achava que elas estavam aí para incentivar os resultados, hein? Muitos profissionais trabalham só para atingir as metas, e isso é o seu mínimo. Vejo líderes ressentidos com suas equipes comerciais, embora elas tenham atingido os objetivos propostos. É que, ao chegar aí, dão-se por satisfeitas. Ofereceram o mínimo. Sequer tentaram ir mais além, aprender algo novo sobre o cliente, usar a criatividade para atuar de um modo mais eficiente, alterar pontos de vista ultrapassados e arriscar movimentos surpreendentes, mas capazes de encantar o cliente. Ninguém da equipe se interessou em agregar uma nova habilidade. Eles simplesmente se contentaram com o fato de corresponder às expectativas.

Existe uma razão para isso: a meta numérica não desperta a paixão. E este é um dos ingredientes da riqueza que vai além da mera riqueza. Em breve, vamos chegar a esse ponto.

### Os questionamentos de Kiko

**Kiko:** Você acredita que agora inventaram mais uma moda?
**Roberto:** Que moda, Kiko?

**Kiko:** O "homem" convocou uma reunião geral dizendo que vamos passar por um processo de mudança. Contratou uma consultoria para nos ajudar. Já é a sexta tentativa, desde que trabalho nessa fábrica.

**Roberto:** Toda tentativa de mudança é bem-vinda.

**Kiko:** Para acabar tudo em pizza. É assim na empresa, é assim no país. Você viu o noticiário ontem à noite na TV? Os caras enchem os bolsos de dinheiro e nada acontece...

**Roberto:** Mas não podemos deixar de tentar...

**Kiko:** As coisas estão aí para quem quiser ver, mas o "homem" não enxerga...

**Roberto:** Você é um funcionário importante e com muito tempo de casa. Por que não declara ao "homem" essas coisas que percebe?

**Kiko:** E quem se interessa? "Santo de casa não faz milagres", já dizia minha avó. Aí chega esse pessoal posudo, com cara de donos da verdade, e todos param para escutar. Mas nós sabemos o que está acontecendo.

**Roberto:** E o que está acontecendo?

**Kiko:** Como você costuma dizer, essa empresa está sem alma! Ninguém se entrega, ninguém faz nada por inteiro. Aqui vale a lei do mínimo esforço.

**Roberto:** Assim fica mesmo difícil. Mas existe saída para esse desânimo.

**Kiko:** Lá vem você! Mais um para inventar moda...

Léila acredita que levar uma vida frenética é o melhor jeito de ser bem-sucedida. Fazer várias coisas ao mesmo tempo é, para ela, uma qualidade. Optou pela desatenção. Não se dá conta de que essa mesma desatenção torna-a cega para as oportunidades que atrairiam uma riqueza superior.

Igor vê o mundo dos negócios como um jogo de azar, feito de apostas, adversários ardilosos, cartas marcadas e blefes. O desalinhamento foi a sua escolha de comportamento para se defender e enfrentar esse mundo cheio de perigos. Previne-se contra o seu mundo ameaçador na mesma medida em que se previne de uma riqueza superior.

Kiko cansou de dar murro em ponta de faca. Optou pela desesperança. Na verdade, encontrou um bom pretexto para se fixar na zona de conforto, onde nada de novo acontece, inclusive possibilidades de riqueza.

São os três D's da escassez que a tudo devoram.

### "O tempo rodou num instante"

Não é só você. Ninguém gosta do despertador. Ele anuncia que o sono acabou, ainda que o corpo não concorde.

Ao dirigir-se ao banheiro, ainda sob os efeitos do sono, você pensa em quantos dias ainda faltam para o final de semana, quando então poderá dormir todas aquelas horas que lhe são roubadas, sucessivamente, a cada despertar. Mas agora não há tempo para nenhum tipo de reflexão. A promessa da caminhada matinal feita no balanço de final de ano ficará para outro dia, assim como tantas outras coisas que você vem se prometendo, em vão. Nada acontece. Nem mesmo aquele desjejum natural composto por frutas, cereais e pão integral. Basta um cafezinho engolido às pressas, como um choque elétrico para garantir o mínimo de energia – o primeiro de uma série de tantos outros que serão consumidos, mecanicamente, durante o dia.

Sono com sobressalto, noite mal dormida. O jantar se estendeu até tarde da noite, na sequência de uma reunião que parecia não ter fim. E não teve mesmo. Na falta de uma conclusão decente, foi remarcada para outro dia.

No trajeto para a empresa, você aproveita para se atualizar a respeito do que acontece na cidade, no país e no mundo, dando uma rápida olhada nos noticiários. As manchetes não são nada animadoras. Ameaças de crises internacionais, concorrência acirrada, excesso de produtos. Você reconhece essa realidade. É o que tem visto no mercado e o que tem vivido todos os dias. Você aprendeu a aceitar os números: da economia, dos resultados da empresa, das suas finanças pessoais. E todo o seu trabalho tem sido reagir diante desses algarismos que oscilam a cada hora.

Na empresa, mais afazeres do que tempo disponível.

– Diga que eu não estou!

Embora não seja verdade, a atendente passa a informação a quem está do outro lado da linha, sem nenhum constrangimento. Afinal – ela reconhece –, além das pessoas que estão sendo atendidas na sua sala, outras duas aguardam contrariadas na recepção.

O dia passa ligeiro, aquela proposta não foi redigida, aquela mensagem não foi respondida, aquele telefonema não foi dado, aquela decisão não foi tomada, aquela ação não foi implementada. E, mais uma vez, você não consegue cumprir a promessa de buscar o filho na saída da escola, ir à academia, jantar com a família, fazer as lições do curso de inglês, cumprimentar o seu amigo pela data de aniversário.

No dia seguinte, a mesma roda-viva. E o pior de tudo é que a gente se acostuma. Para se preservar, para não correr riscos, para poupar a vida. Que vida?

Quando acorda (e se acorda), passaram-se oitenta anos.

### "A gente estancou de repente"

Como chegar à *metarriqueza* quando se adotam comportamentos como esses? Eles são atraentes? Convidam à realização de bons negócios? Quem ganha com essas pessoas? Quem gosta de se aproximar delas?

Quem age dessa maneira nunca reconhece os efeitos que sua conduta gera. É mais fácil atribuir a culpa a algo de outra natureza, tirado do bolso do colete: o destino, a falta de sorte, a concorrência, o mercado, o governo...

Destituídos de atenção, de inteireza e esperança, só resta a quem vive nessa roda-viva perpetuar a escassez que tanto teme, fortalecendo ainda mais seu olhar de precariedade. Quem age assim sabota o próprio acesso ao talento natural de criar riquezas plenas, inerente a qualquer ser humano. Como se não bastasse, os estímulos recebidos do ambiente externo também em nada contribuem. Veja por que no próximo capítulo.

## 2  A REALIDADE DISTORCIDA

### De bem-intencionados...

Há alguns anos, viajei para a Patagônia nas férias. O navio saiu de Ushuaia, na Argentina, com destino a Puerta Arena, no Chile. Eu fazia parte de um grupo de turistas ávidos por desbravar uma região desconhecida. Havia gente de vários lugares do mundo.

A paisagem feita de mar, montanhas e geleiras é surpreendente, mais ainda para quem está acostumado aos cenários tropicais. Enquanto o navio singrava os mares glaciais do Estreito de Magalhães, aguardávamos com muita expectativa a próxima parada do percurso – uma visita a uma colônia de pinguins. Nossos orientadores explicavam, com o apoio de um telão no *foyer* do navio, como era a vida naquela ilha que parecia estar no fim do mundo.

É habitada por essas aves graciosas, que constroem suas moradas em pequenas covas subterrâneas e salientes, semelhantes a um grande formigueiro. Ali permanecem abrigados os filhotes, ainda desprovidos das defesas imprescindíveis para resistir ao frio intenso desse lugar do planeta.

Atentamente, recolhíamos todas as informações oferecidas. Ficamos sabendo que aqueles seres eram de extrema brandura. Deviam ser observados com todo o respeito e distanciamento, porque nós seríamos os estranhos ali. Para facilitar essa delicada interação, nosso trajeto em terra estaria bem sinalizado, por meio de cordas, para evitar que, por distração ou desconhecimento, alguém pisasse em uma daquelas tocas, colocando em risco os filhotes.

Ali íamos encontrar, também, albatrozes – predadores em busca de pinguins recém-nascidos para alimentarem-se.

E foi com essas informações que nos preparamos para a tão esperada visita, enquanto tratávamos de nos agasalhar bem.

Para chegar lá, deixamos o navio e seguimos em pequenos botes. A primeira visão do cenário era extraordinária. Um lugar fantástico. Centenas, talvez milhares de pinguins andando de lá para cá e de cá para lá, com aqueles passinhos curtos e ligeiros, de estilo peculiar e divertido. Um mundo totalmente novo e desconhecido.

Em dado momento, deixamos os botes e prosseguimos a pé. Eu apreciava a originalidade do lugar quando fui solicitado por uma turista francesa a resolver um problema que se avizinhava. Três filhotes estavam à superfície, posicionados bem no meio e à mesma distância de dois casais diferentes: um de albatrozes e outro de pinguins. Calculei rapidamente que a distância entre eles e o perigo de serem imediatamente devorados era de mais ou menos dois metros. A cena era hostil. A turista francesa esperava que eu tomasse alguma providência, mas eu não queria burlar o acordo de me manter no limite da corda que nos separava daquele território exclusivo. Enquanto eu tentava localizar a guarda chilena que zelava pela ilha, a turista francesa, transgredindo as normas, avançou decididamente sobre o terreno proibido, pegou os filhotes e os depositou bem próximo dos pinguins. Mas, antes mesmo que desse meia-volta, satisfeita com o que lhe parecia um gesto heroico, ela viu uma cena apavorante: o casal de pinguins matou instantaneamente as avezinhas, com bicadas furiosas. Em questão de segundos.

A turista francesa ficou desnorteada. Na melhor das intenções, fez tudo errado! Os filhotes eram de albatrozes. Então, naquele caso, os grandes vilões eram – como foram mesmo – os pinguins! Sim, os mesmos seres graciosos que vimos no filme... A mulher cometera um erro ao interferir atabalhoadamente em um hábitat que tem dinâmica própria. E que ela desconhecia completamente. Não por acaso, os turistas são alertados para manterem-se dentro de determinados limites.

Enquanto os albatrozes sobrevoavam a área em que estávamos, emitindo sons estridentes, como se lamentassem profundamente a morte dos filhotes, eu, também desolado, tentava consolar a turista francesa em pânico, como se pudesse atenuar seu sentimento de culpa.

O episódio acabou com a graça do passeio. Voltamos para o barco e, durante o restante do dia e ainda nos que se seguiram, eu não conseguia tirar a cena da cabeça.

Mas ficaram alguns aprendizados: na verdade, fomos enganados por nossas próprias imagens. Depois da palestra, seguimos em direção à ilha crentes de que os pinguins eram os mocinhos e os albatrozes, os bandidos. Nossa mente maniqueísta tem esse poder de classificação. E enganamo-nos: os pinguins não eram assim tão bondosos nem os albatrozes tão cruéis. Fomos traídos por nossas percepções equivocadas e por nossos preconceitos.

Podemos extrair mais de uma moral dessa história: a primeira é que somos traídos por nossas percepções. As imagens positivas dos pinguins só traduziam uma parte de sua natureza. Vivemos rodeados por enganos que nos fazem tomar decisões errôneas e adotar ações equivocadas. Sobre isso, veja o que está à sua espera no próximo capítulo. A segunda é que nem sempre fazemos o bem que desejamos, mas acabamos por cometer o mal que tentamos evitar a qualquer custo.

### ... o inferno está cheio

As crianças divertem-se, e os adultos também, com aqueles espetáculos aquáticos com focas. Basta o treinador aproximar-se da beirada da piscina com o cesto de peixes nas mãos para que as focas fiquem agitadas, dispostas a caprichar na performance. É só mostrar a comida, de longe, que elas começam a sequência de saltos mirabolantes, espalhando água por tudo que é lado e arrancando aplausos da plateia. São treinadas para realizar essas proezas em troca do que desejam – alimento. Fazem tudo o que aprenderam para obter esse prêmio, desde simular palmas com as nadadeiras até fazer afagos nos treinadores, alheias à manifestação entusiasmada dos espectadores, que pedem bis. O que elas querem mesmo é sua cota de peixes.

Mais do que rir, aplaudir e pedir bis, líderes de empresas e pais de famílias ali presentes podem concluir algo mais sobre a eficiência do treinador em conseguir os comportamentos desejados: "Se funciona tão bem com as focas, também deve funcionar com filhos, funcionários e clientes". Está instituída a *tática da foca* em casa, na empresa e nos negócios.

*Tática da foca:* recompense o comportamento desejado e, com isso, amplie a probabilidade de repetição desse comportamento.

É claro que essa é uma visão simplificada da realidade, mas não podemos negar que é muito usual. O problema é que, na falta de peixes ou na ausência do treinador, as focas não têm interesse em se exibir para a plateia, fazendo as acrobacias de sempre. Os comportamentos desejados só acontecem enquanto houver estímulos.

Na empresa, o líder muitas vezes acostuma sua equipe a produzir resultados mediante estímulos como incentivos financeiros, ameaças (como a ausência de incentivos financeiros) ou competição (fomentando uma disputa entre os membros da sua equipe). A intenção do líder é fazer que todos continuem a aprender, a produzir, a atingir as metas, mas se ele retira o estímulo nada disso acontece.

Não é diferente com os clientes. Nos negócios, muitas empresas acostumaram os seus clientes com prêmios e promoções: campanhas de compre 1 e leve 2, brindes, cupons, rifas, loterias, milhagens etc.

Em um primeiro momento, esses "peixes" são muito cobiçados e parecem bastante apetitosos, mas logo transformam-se naquelas miragens traiçoeiras. Querer o bem-estar das pessoas, segundo a nossa visão de felicidade, pode causar mais danos do que alegria. "É pelo seu bem!" – já ouviu essa frase alguma vez? Nós sabemos todo o mal que esse tipo de atitude manipuladora pode causar. O mesmo vale para aquela outra frase clássica: "Eu sei o que é melhor para você". Esses são os "peixes tóxicos".

Condicionadas a estímulos externos, as pessoas passam a acreditar que riqueza se obtém na luta pela sobrevivência (ou para saciar a fome), que é sinônimo de dinheiro (ou de peixes), que se obtém por meio da competição (saltar melhor do que os outros). A riqueza é exclusiva de vencedores (a melhor foca fica com o melhor peixe) e é algo que acontece no futuro (não há nada a fazer enquanto o treinador não chega com os peixes).

"O que vocês oferecem?" Essa é a principal pergunta feita por uma pessoa quando procura emprego. É algo parecido com "O que vocês podem fazer por mim?" ou, utilizando uma metáfora, "Quantos peixes vocês oferecem?". Vítima da *tática da foca*, essa pessoa prioriza a recompensa antes da contribuição e, com isso, arma o próprio insucesso.

O problema que se cria ao dar tanta importância aos "peixes" é que as pessoas acostumam-se a escolher o caminho mais curto ou mais rápido para obtê-los, que não necessariamente é o melhor e o mais apropriado.

O princípio vale para uma empresa diante de seu mercado, vale para um líder em uma empresa ou qualquer comunidade, vale para um pai de família, vale para qualquer pessoa que queira exercer algum controle sobre a outra. Essa é a intenção que está por trás da *tática da foca*. O controle. A dominação. A manipulação. A dependência.

É claro que incentivos financeiros e campanhas promocionais não são negativos em todas as situações, mas sim quando a empresa, ou seu líder, tem a intenção de exercer algum controle sobre o comportamento de funcionários ou clientes. É quando o bem que queremos se transforma no mal que fazemos. Assim como aconteceu com a bem-intencionada turista francesa na Patagônia.

### Essa é para quebrar o gelo

*O gerente, que acaba de retornar de uma palestra motivacional, chama um dos seus funcionários de chão de fábrica e lhe diz:*

– De hoje em diante você tem permissão para planejar e controlar o seu trabalho. Você não precisa mais ser supervisionado. Espero, com isso, aumentar a produtividade.

– E aí, receberei aumento? – perguntou o funcionário.

– Não, nada disso. Dinheiro não é um motivador e você não ficará mais satisfeito com um aumento de salário.

– Mas e se a produtividade aumentar? Terei um aumento de salário?

– Veja bem, está na cara que você não sabe nada sobre as teorias de motivação – disse o gerente. Leve este livro para casa e leia-o. Ele vai explicar o que realmente nos motiva.

*O funcionário pega o livro e, quando já está na porta, para e pergunta:*

–Se eu ler este livro, terei um aumento de salário?

### Criador e criatura

Muita gente sabota o próprio sucesso. Acredite! Em geral, são pessoas que procuram explicações externas, fora de si – e por isso fora de sua responsabilidade – para justificar seus equívocos. E enumeram muitos vilões: a economia, o mercado, a concorrência, a pressão dos fornecedores ou dos clientes. O diretor, o gerente, o colega do outro departamento. Sempre existe um culpado que mora ao lado e age de maneira incontrolável, predatória. Não resta aos sabotadores de si mesmos senão sucumbir, respaldados pelas próprias "razões" para não evoluir. Ou mesmo para regredir: "Veja bem, não sigo adiante porque tudo conspira contra mim". A mensagem subliminar é essa.

Parece que essa questão de identificar um culpado fora de si está na origem da história da humanidade. É só dar uma olhada na Bíblia. Quando Deus perguntou a Adão quem transgrediu a lei e comeu do fruto da árvore proibida, ele foi logo apontando para Eva. Ela, por sua vez, também tratou de tirar o corpo fora quando interpelada: "Foi a serpente", justificou-se. Então...

É bem provável que esteja aí, nessa atitude descompromissada, a diferença fundamental entre o ser humano que se considera uma simples criatura e o que se assume como criador. A criatura sempre está à mercê das circunstâncias, pois acha que a solução de seus problemas não depende dela. É uma vítima, sempre. Por isso espera, aguarda e trabalha para a obtenção de objetivos que, em geral, não são seus. Aliás, essa pessoa nem sequer define os próprios objetivos. Foi treinada como criatura, como alvo da *tática da foca*. E na *tática da foca* existe um acordo tácito: "Se você fizer o que eu quero, eu lhe darei a recompensa". Quem morde a isca, assim como fazem as focas, transforma-se em criatura. E sofre de culpa neurótica quando não consegue atender às expectativas do seu algoz bem-intencionado.

O criador, por sua vez, escolhe o mundo em que quer viver. Constrói o seu futuro e responsabiliza-se por ele, na certeza de que está dirigindo o leme e que dele, como condutor, dependem tanto os bons como os maus resultados.

### Alguém lembra do outro?

**Kiko:** Eu me sinto frustrado! Este mês não vou levar o "leitinho" das crianças para casa! Ficamos sem a nossa premiação.

**Roberto:** E o que aconteceu?

**Kiko:** A área de compras não recebeu as informações corretas da área de vendas e com isso ficamos sem matéria-prima. Não conseguimos faturar todos os pedidos.

**Roberto:** E isso poderia ter sido evitado?

**Kiko:** Sei lá! O pessoal não sabe planejar! Todos os meses é a mesma coisa, mas neste o pessoal exagerou! E quem paga a conta somos nós, da fábrica, que ficamos sem o nosso prêmio. E ainda vamos ter de aguentar o "homem" de cara feia.

**Roberto:** E quem é "o pessoal"?

**Kiko:** O pessoal da área comercial, da área de compras, da área de planejamento... – "Pessoal" para Kiko são todos os que não são "nós". E quase sempre estão contra "nós".

**Roberto:** Se isso tem acontecido com frequência, você não acha que deveria intervir de alguma maneira?

**Kiko:** Já lhe disse: quem está interessado? Faço a minha parte. E acho muito.

**Roberto:** Somente vocês da fábrica foram prejudicados?

**Kiko:** E quem mais? O pessoal de vendas ganha uma boa grana de comissões. Não dá para comparar. Este mês vou ter de atrasar algumas prestações...

**Roberto:** E isso não é nada bom. E, pelo que parece, não há nenhuma garantia de que isso não ocorra novamente no próximo mês.

Kiko está preocupado com o seu prêmio e com as suas contas. Nem passa pela sua cabeça que o maior prejudicado é o cliente, que não recebeu a encomenda no prazo combinado. Sua atenção está tão voltada para si mesmo, que não consegue pensar em outra coisa. Mas não é muito diferente com a Lélla.

**Lélla:** Oba! Batemos as nossas metas! Sensacional! Beleza! – ela está tão entusiasmada que dá um salto. A blusa sobe ligeiramente e deixa à mostra os traços de parte de uma tatuagem no cóccix.

**Roberto:** Sua alegria também me deixa alegre.

**Lélla:** Você sabe, né? É que a gente não deu mole para os concorrentes. Cobrimos todas as cotações. Levamos todas! – Ela tenta, mais uma vez, esconder-se por trás de uma postura profissional masculina.

**Roberto:** E isso deu um bom resultado para a empresa?

**Lélla:** Isso é problema lá do financeiro – diz, enquanto examina os números na lousa magnética em sua sala. Bom mesmo é que esse mês vou poder completar o que falta para trocar o meu carro.

**Roberto:** E você sabe se os clientes ficaram satisfeitos com essa sua vitória?

**Lélla:** Ah! Devem ter ficado. Concedemos descontos que eles não conseguiriam com nenhuma outra empresa.

**Roberto:** Será que no próximo mês eles voltarão a comprar?

**Lélla:** (olhando-me com enfado) Cada mês é um mês. Cada batalha é uma batalha. A guerra continua. Mês que vem é outra história. Agora, o negócio é comemorar! Maravilha! Oba! – salta de novo e a tatuagem aparece por completo: uma simpática foquinha.

Lélla está exultante! Parece que, por algum tempo, deixou de lado sua costumeira irritação. Mas não deixou de lado a ansiedade e nem as dez ou doze horas de trabalho diários, incluindo os fins de semana. Lélla produz resultado financeiro enquanto destrói outros tipos de riqueza. Mas ela não se dá conta disso! Cliente, para Lélla, é sinônimo de faturamento, meta alcançada, bônus. Será que com o Igor, que é dono de empresa, as coisas são diferentes?

**Igor:** Está aí o problema: eles não pensam em outra coisa. Estão todos preocupados com o próprio umbigo. Será que eles não sabem que se as coisas apertarem todos irão para o olho da rua?

**Roberto:** Mas eles foram acostumados com esse jogo. Trabalham pela recompensa financeira.

**Igor:** E não conseguem pensar em outra coisa. Adivinha qual a primeira pergunta que fazem quando procuram emprego? "O que vocês têm para oferecer? Quais são os benefícios que vocês oferecem?" Ninguém se interessa pelos resultados da empresa. Estão preocupados com o próprio bolso e só.

**Roberto:** Bem, então me parece que existe uma certa "coerência". Não há do que reclamar!

**Igor:** Como assim? – parece que agora consegui chamar a atenção dele. O que é essa certa "coerência"?

**Roberto:** É que eles se relacionam com a empresa da mesma forma que a empresa se relaciona com o mercado, ou seja, buscando apenas recompensas financeiras.

**Igor:** Mas não é esse o objetivo de uma empresa? Obter o máximo de lucro?

**Roberto:** Se você acredita que sim, então qual é o seu estranhamento quando eles buscam a mesma coisa? Ou seja, obter o máximo de ganhos?

Dessa vez Igor não atendeu o celular que tocava sobre a mesa. Ele me olhou indignado. Não sei se reflexivo ou reativo. Como Igor não é muito de dar ouvidos, penso que só saberei disso nas nossas próximas conversas. Mas uma coisa é certa: nem ele, nem seus funcionários, conseguem colocar o outro, nesse caso o cliente, entre as suas prioridades.

Kiko, Lélla e Igor estão em posições profissionais diferentes. Cada um enxerga o seu trabalho do ângulo em que está. Mas todos possuem o mesmo olhar equivocado sobre a realidade e são vítimas das mesmas miragens. Veja, no capítulo a seguir, se você também reconhece-as.

# 3 REFÉNS DAS PRÓPRIAS MIRAGENS

### Um olhar equivocado

Reagimos não ao mundo, mas às nossas miragens do mundo. Decidimos e agimos em função delas. Somos, portanto, reféns das nossas miragens. São elas que nos governam.

O problema é que uma miragem é uma visão enganosa. Acontece quando os olhos estão desfocados da realidade. Então, esse engano ocorre porque nossas crenças estão equivocadas.

Miragens são como bolas de ferro amarradas às nossas pernas. Às vezes, com alguma sorte e muito esforço, conseguimos avançar. Mas não sem gastar desanimada energia e sofrer bastante.

E, enquanto nos debatemos com as nossas miragens, as riquezas passam ao largo, sem que a gente perceba, distraídos que estamos com cenários de mentira. Às vezes até percebemos – ou pressentimos – a presença delas, mas cansados de lutar contra moinhos de vento, como fantasmagóricos Dons Quixotes, fazemos das nossas miragens as nossas melhores e únicas aliadas. Mesmo sabendo que não refletem a realidade.

É quando decidimos por uma vida empobrecida, ainda que a escolha inicial tenha sido pela riqueza.

Então, vamos enfrentá-las! Vamos conhecer e dar nome às nossas miragens. Identificá-las é uma forma de administrá-las, em vez de permitir que elas nos dominem.

Aproveite, agora, para fazer um exercício de autoconsciência. Antes de concordar ou discordar, reflita a respeito.

### A miragem de que o melhor ataque é a defesa

Ou seja: riqueza obtém-se defendendo-se das ameaças.

Se a atenção se concentrar nas ameaças do mercado ou do negócio, ou nas ameaças ao emprego ou à profissão, a mente será tomada por pensamentos de preservação e autodefesa. As decisões, portanto, serão pela busca de segurança.

Daí resulta uma opção pela acomodação, porque parece que a melhor forma de não correr riscos é manter as coisas como estão, pois mesmo que não seja o cenário ideal, é sempre terreno conhecido.

Isso vale para uma empresa diante do mercado, para um executivo diante do seu cargo, para um profissional liberal diante da sua profissão. Todos atuarão na retaguarda e essa baixa ousadia limitará – às vezes, a depender do tamanho do medo, impedirá mesmo – a busca da *metarriqueza*.

Na *tática da foca*, a ameaça não pretende punir, mas sim estimular as pessoas a fazer algo para evitar punições. Apresenta-se na forma de vigilância ou controle e está presente no ambiente de trabalho de maneira às vezes tão sutil que chega a ser imperceptível. Atua, portanto, de maneira subliminar.

Veja, por exemplo, a figura do supervisor, muito valorizada na velha economia. O supervisor, nesse conceito, é aquele que ronda as pessoas, para que sintam que estão sendo constantemente observadas enquanto trabalham. Se pensarmos com um mínimo de racionalidade, veremos que não faz sentido contratar alguém para não fazer nada além de espionar os colegas.

Em algumas fábricas e estabelecimentos comerciais, o supervisor é substituído pelo mezanino. Não estranhe! É isso mesmo. Também herança da velha economia e presente em muitas empresas, o mezanino é um ambiente na forma de aquário, com superfícies transparentes, em cujo interior ficam os líderes, em constante atitude de vigilância. Note bem: deixam de focar nos negócios, sua grande missão, para perder tempo bisbilhotando a equipe, que deveria atuar de maneira competente, naturalmente – e não porque está sob constante observação.

Hoje, já está se consagrando o costume de usar equipamentos eletrônicos para fazer as funções dos supervisores e captar imagens que antes eram visíveis dos mezaninos. São as câmeras de vídeo, geralmente espalhadas por todas as dependências das empresas, sob a falsa justificativa de serem essenciais para garantir a segurança patrimonial.

Quaisquer que sejam as razões, sob observação constante, as pessoas evitam assumir responsabilidades e o impulso criativo retrai-se. Só fazem o que acreditam que delas se espera, segundo modelos que elas mesmas constroem a partir da observação do que ocorre ao seu redor.

Todas essas práticas criam focas e destroem as riquezas que moram dentro de cada pessoa (sobre esse assunto, falaremos no capítulo 6). Quando o chefe utiliza a ameaça como estímulo para conseguir os comportamentos desejados, o funcionário amedrontado procura mecanismos de defesa para proteger-se.

Não há criatividade que resista a uma pressão dessas.

Porém, se a atenção estiver nas oportunidades, o conjunto de pensamentos altera-se. Quem enxerga oportunidades está diante de um desafio.

E o desafio cria o estímulo perfeito para acionar a imaginação e a criatividade. O resultado é a inovação, a única forma de fazer frente às ameaças e romper um ciclo vicioso de baixos resultados.

### A miragem do leite das crianças

Ou seja: riqueza obtém-se na luta pela sobrevivência.

Cada um de nós pula bem cedo da cama, sai para o trabalho a que se dedica, devotadamente, não raro mais que oito horas por jornada e nem sempre apenas nos chamados dias úteis. É o desafio de assegurar o "leite das crianças", como diz o jargão popular. Significa lutar pela sobrevivência, garantir o próprio sustento e o da família. Para, depois, ser alvo de admiração, como pessoa muito "esforçada", uma qualidade que a sociedade costuma valorizar bastante.

Surgem dificuldades no caminho; o dia a dia é uma luta constante, uma verdadeira guerra, com sucessivas batalhas nos negócios. Parece que há poderosos inimigos a combater: a ganância do fornecedor, o oportunismo do cliente, o mercenarismo do funcionário. Ou a ameaça sempre presente de um concorrente voraz que copie seu produto ou serviço, para depois oferecê-lo ao cliente por um custo inferior. Mesmo no caso de quem é funcionário, há sempre o perigo latente de um colega mais próximo "puxar o tapete" para imediatamente assumir o seu posto. Um triste e devastador cenário.

Lutar pela sobrevivência é fazer tudo para combater a escassez, o que é muito diferente de trabalhar para construir riquezas. Mas é aí que a miragem que garante o "leite das crianças" prepara a sua armadilha. O tempo despendido na artilharia e as habilidades adquiridas para esse fim impedem a realização de uma alternativa capaz de corrigir o rumo, em direção a melhores perspectivas, como ampliar os conhecimentos e habilidades fundamentais à conquista da riqueza. Ou seja, quem luta pela sobrevivência não pensa em outra coisa. E a riqueza está na "outra coisa", não em perpetuar a busca pela sobrevivência. Uma armadilha mortal, portanto.

Enquanto se luta pela sobrevivência com sofreguidão, perde-se a chance de encontrar a verdadeira riqueza, que, por incrível que pareça, mora ao lado, de tão próxima, ou mora dentro de cada um de nós, de tão íntima. Tremendo paradoxo! Por vivê-lo – e essa é uma escolha nossa – adiamos a riqueza, na eterna espera de chegar a ela como num passe de mágica e sempre no futuro. Criamos e fortalecemos essas miragens.

Dia após dia construímos – e reforçamos! – as armadilhas que nos sugam.

## A miragem de ser o número 1

Ou seja: riqueza obtém-se por meio da competição.

A luta pela sobrevivência costuma transformar-se em uma arena de guerra, em que os mais fracos são abatidos pelos mais fortes. Daí a necessidade de combater ou, como se diz nos negócios, competir. Mas competir implica focalizar a atenção no adversário, em vez de mantê-la apontada para o que, de fato, traz a riqueza. Faz parte das estratégias e táticas lançar mão de recursos suicidas, como cobrir as ofertas dos concorrentes, ainda que às custas de prejuízos. Tal procedimento acontece mais pelo instinto de competição ou pela ânsia de eliminar o concorrente do jogo do que pelo saudável anseio de sair em busca de resultados que levem à riqueza.

Competir para preservar mercados conquistados ou tomar mercados dos concorrentes é uma das facetas dessa terrível e desgastante arena de guerra. É comum, nas conversas diárias, pronunciar mais os nomes dos concorrentes do que os dos clientes. Isso implica um grandioso trabalho de investigação, para saber tudo da empresa que parece nos ameaçar, em vez de dirigir essa poderosa energia para descobrir o que os nossos clientes necessitam. Tremendo engano, uma vez que o lucro está nos bolsos e caixas dos clientes e não dos concorrentes.

Muitas vezes, essa arena de guerra instala-se no interior da própria empresa, representada pela desconfiança que o líder nutre em relação a seus liderados. É quando ele vê os próprios funcionários como uma ameaça, porque acha que podem transformar-se em futuros concorrentes ou talvez em aliados destes, entregando informações vitais ao "inimigo". Com isso, a sabotagem acontece mesmo, e em grau elevado, mas no sentido mais prejudicial para a própria empresa – ou seja, internamente.

O líder trata de esconder dos colaboradores, que fazem os resultados, informações importantes sobre o mercado, os clientes, as estratégias, o futuro, e mesmo os próprios resultados. Informações fundamentais que ajudariam os funcionários a atingir os melhores desempenhos.

As práticas competitivas podem beirar o predatório quando têm como principal objetivo extrair tudo o que for possível dos agentes envolvidos no negócio: fornecedores, clientes, funcionários, governo. É quando reduzimos a riqueza a zero ao subtrair justamente a parte que por direito cabe àqueles que, de alguma maneira, contribuem para o negócio.

Mas a competição, como miragem, vai além. Ela existe entre os próprios membros da equipe que disputam entre si os mercados ou clientes que oferecem as melhores remunerações, ou entre atendentes e operadores que se digladiam para disputar os melhores prêmios de produtividade. Portanto, cada um por si e Deus por todos. Só existe um primeiro lugar e o pódio é de quem for mais forte, mais ligeiro e mais competitivo.

Não vêm ao caso os meios que um profissional e sua organização possam usar para chegar lá. O importante é "vencer". Nessa predatória competição, desenvolvem-se competências que têm como propósito superar os outros, em vez das competências que fariam o cliente mais satisfeito e fidelizado. Portanto, não é no pódio que está a riqueza e muito menos no conjunto de competências que foram aprendidas para chegar lá.

Quando o que existe é apenas a solidão de ocupar o primeiro lugar, esse "vencedor" tem uma única certeza: de que a escassez realmente existe, tal é o distanciamento e o isolamento provocado por esse tipo de atitude. É o sucesso que traz como saldo a própria ruína. É uma corrosiva e tacanha vitória de Pirro,[3] em que as perdas são maiores do que os ganhos. Ao final, acentua-se ainda mais a crença na escassez, ao invés da fé

---

[3] "Vitória de Pirro" é uma expressão que designa uma vitória obtida a alto preço. Pirro foi um general grego da Antiguidade que perdeu muitos soldados numa batalha vitoriosa contra os romanos.

na abundância. Assim, quem segue por aí se afasta inexoravelmente da *metarriqueza*.

## A miragem da agenda lotada

Ou seja: riqueza obtém-se com muita ocupação.

Caminhe pela empresa em que trabalha! Você verá que todos estão muito ocupados, assoberbados até. Andam para lá e para cá feito baratas tontas; alguns estão compenetrados batucando o teclado do computador; outros ficam trocando mensagens como se jogassem pingue-pongue. Quando conversam, falam de problemas, de produtos, de máquinas, de atrasos, de erros e de custos. Quando olham para fora, o assunto é o mercado, a economia, os chineses e os concorrentes. A atenção está em tudo, menos onde devia. Pouco se fala de cliente e quando se fala é de uma forma tecnicista: "Você tirou o pedido? Está faturado? Enviou para cobrança? Quanto temos em carteira? O crédito foi aprovado?". Clientes têm nomes técnicos: pedido, fatura, cobrança, carteira. Como mera estatística, o cliente deixa de ser fonte de riquezas.

Nas minhas andanças por centenas de empresas, tenho notado que cerca de 80% das tarefas e afazeres com os quais as pessoas envolvem-se não geram riqueza de nenhum tipo. Se você duvida, examine sua agenda e veja como ocupa o seu tempo. Então responda: que tipo de riqueza você está produzindo com esse monte de afazeres?

Pense a respeito: as pessoas na empresa em que você trabalha estão mais voltadas para resolver os problemas dos clientes ou atender às demandas do chefe? Como o tempo é usado? Na certa você sabe que o tempo é o único bem que, uma vez perdido, não pode ser resgatado. O que passou, passou. Portanto, riqueza desperdiçada.

Triste a sina do desatencioso que comprime a agenda para encaixar tudo o que aceita fazer, sem refletir. Ou que exclui compromissos importantes – aquela imprescindível visita ao cliente, o telefonema para saber se quem compra está sendo bem atendido etc. – por não conseguir inseri-los na agenda.

Triste a sina do desalinhado que só consegue dizer não quando deveria dizer sim, e só consegue dizer sim quando deveria dizer não. E triste a sina do desesperançado, que tampouco usa agenda. Eles ainda não se deram conta de que cerca de 80% das suas ocupações não produzem resultados.

E por que isso ocorre? Porque eles são colocados diariamente em movimento como acontece com as focas famintas. Mas movimento é diferente de ação. Movimento é uma ocupação que não gera resultados. Ação consistente produz riquezas.

### A miragem de que o porco só engorda aos olhos do dono

Ou seja: riqueza assegura-se por meio de controles.

Controles são necessários, mas em excesso criam as amarras e os bloqueios que impedem que a riqueza flua. Por si só, os controles não produzem resultados de nenhum tipo. Então, precisam ser usados com comedimento. Além do mais, os controles desviam a atenção de onde ela efetivamente deveria estar.

Muitas empresas não se desenvolvem porque seus donos não abrem mão do controle. Acreditam mesmo – e a crença atravessa gerações – que o porco só engorda aos olhos do dono. Por não existir uma gestão profissionalizada, o crescimento da empresa é reduzido à sua capacidade diária de trabalho.

Mas não é muito diferente com tantas empresas que se profissionalizaram. Tome o seguinte exemplo: a devolução de uma mercadoria pode afetar uma dezena de setores distintos. A recepção aceita os produtos e encaminha-os para o depósito. Esse devolve-os ao estoque. A contabilidade define o critério de custo e como serão contabilizados e acerta a conta de impostos. O setor de vendas ajusta as comissões dos vendedores e orienta o setor de contas a receber e dar baixa na duplicata no banco.

São inúmeras tarefas que ocupam dezenas de pessoas, mas não existe nenhuma orientada a compreender as razões da devolução, como o cliente se sente ao ver a sua compra frustrada e o que fazer para evitar tamanho desperdício de oportunidades para gerar riqueza.

Existe uma certa obsessão por controle, que nunca esteve tão em alta quanto nos derradeiros dias da velha economia. Ressurgiu com a bela roupagem dos programas de qualidade, depois normatizações, e continuará fazendo sucesso enquanto a desconfiança no ser humano prevalecer nos ambientes de trabalho. Controles são necessários, mas não podem inibir a geração de riquezas causada pela criatividade humana.

### A miragem de que o dinheiro compra tudo

Ou seja: riqueza é sinônimo de dinheiro.

Diz-se que um indivíduo condenado à forca não consegue pensar em mais nada quando para lá se dirige. Concentração absoluta em como sair vivo dessa, até no derradeiro momento! Quem sabe um milagre, produzido por outra pessoa, possa poupar a vítima de seu algoz...

Não é diferente da empresa ou do indivíduo que coloca o dinheiro como sua maior necessidade. As atenções e os esforços concentram-se nessa busca e todo o restante é descartado. A questão é que a *metarriqueza* está na parte descartada. É como tentar encontrar um oásis no deserto com os olhos fixos apenas na areia.

Quando apenas o dinheiro é tido como riqueza, esta é medida pela soma das aquisições feitas quando se consegue extrair o máximo do mundo ao redor. O lucro é um desses proventos, em geral compreendido como matéria, algo escasso que muda de mãos como resultado da dinâmica do próprio mercado. E como é escasso e muda de mãos, a pessoa faz um esforço gigantesco para que ele se fixe, de preferência na sua totalidade, em suas próprias mãos. Vale o mesmo raciocínio quando pensamos apenas na remuneração financeira como recompensa pelo nosso trabalho.

Mas é bom que se frise: resultados financeiros são importantes! Disso, todos sabem e ninguém contesta. Importantes, mas não suficientes. Um dos estereótipos da gestão moderna é a relação direta entre resultados e números. De tal forma que a excessiva concentração nos resultados só considera bons os profissionais que sempre "atingem seus números". Portanto, acredita-se na existência de uma relação direta entre números e resultados e aposta-se nela cegamente. Essa relação parece tão óbvia quanto a dobradinha arroz e feijão. Mas é aí que reside o grande perigo: de nunca atingir a *metarriqueza* por limitar-se a uma visão de negócios simplista, equivocada e até mesmo nociva. O alerta vale tanto para o administrador de empresas como para quem cuida das finanças domésticas.

Onde está a sua atenção quando participa de uma reunião? No processo de tomada de decisão em grupo? Na negociação com outras pessoas? Em geral, exageramos na atenção dada aos resultados e aos números que almejamos e esquecemos das pessoas que farão esse resultado acontecer.

Números são importantes! Sem eles, perdemos a referência. Sem referências, caminhamos a esmo, como quem se perde na selva, incapaz de chegar a algum lugar conhecido. Mas os números estão para as pessoas assim como o poste está para o bêbado: é um ponto de apoio ou referência, não de iluminação. A luz está em outro lugar, para vê-la é preciso um estado de atenção.

Sem dúvida, precisamos de medidores, expressos em números, que nos deem informações sobre às quantas estamos de atingir nossas metas. Mas as metas numéricas não são o nosso propósito. O termômetro que mede a temperatura é incapaz de combater a febre. E aí está uma cilada muito comum: trocar os fins pelos meios. A riqueza poderá estar contemplada numa declaração de propósito, mas jamais será encontrada na métrica dos gráficos e relatórios financeiros. A melhor pergunta a fazer não é "Quanto deve ser o nosso resultado?", mas "Considerando o nosso propósito, qual deverá ser a nossa riqueza e quanto deverá ser o nosso resultado?".

Colocar mais atenção no resultado financeiro do que nas pessoas é acreditar que eles acontecem por si mesmos ou por meio de indicadores quantitativos que funcionam como metas. Mas sabemos que não é assim que as riquezas acontecem, incluindo os resultados financeiros. As pessoas ainda são as portadoras dos principais recursos geradores de riquezas (tema do capítulo 6).

### A miragem do paraíso futuro

Ou seja: riqueza é algo que acontece no futuro.

A miragem é como uma criatura sedutora, disposta a fazer com que você jamais avance ou evolua. Possui uma boa lábia e ainda assegura que valem todos os esforços e proezas para conquistar uma vida venturosa. Sob a influência dessa criatura sedutora, você entrega os seus dias lotados de trabalho em troca de um futuro de opulência. Com isso, passam-se dez, vinte, trinta anos ou mais. Uma vida inteira dedicada à espera, o que é muito diferente de viver com esperança. Enquanto isso, a criatura sedutora comemora. Ela atingiu a própria meta, enquanto você esqueceu a sua.

A criatura sedutora garante que sacrificar o presente é uma forma de garantir o futuro. Ainda que esse presente seja feito de semear escassez. É aí que uma miragem atua, na contradição. Assegura que o amanhã será melhor, mas ele jamais chega. Ao contrário, fica mais distante a cada dia. É a troca da vocação por uma profissão que nada tem a ver com o seu talento. É a troca da profissão por um cargo que nada tem a ver com os seus desejos. É a busca do sustento ao invés da realização. O fato é que semear escassez nunca faz florescer riquezas. Escassez gera escassez; abundância gera abundância.

A miragem do melhor futuro está sempre a postos, pronta para enredar vítimas distraídas, gente que ainda não sabe como constrói-se a riqueza. Uma vez fisgadas, postergam a prosperidade para um futuro indefinido, sempre longínquo, enquanto correm atrás dela, sem rumo, mas com uma pressa que lhes dá a ilusão de seguir em direção à linha de chegada.

Muitos exageram e colocam suas atenções mais no futuro do que no presente e deixam-se levar por essa miragem. Perdem-se em projeções mirabolantes, estimativas e elucubrações inúteis enquanto desperdiçam a riqueza que existe no presente. Buscam o prêmio sem ter feito a aposta.

### Lentes embaçadas

As riquezas até podem estar lá na frente, mas as miragens embaçam as lentes e impedem-no de vê-las. Trata-se de um paradoxo, mas é a pura verdade. A coisa funciona assim mesmo! Analise se você já não vivenciou essa experiência. Ou se ainda nutre algumas dessas miragens. Coragem! Lembre-se de que uma miragem não é apenas uma crença que você possui; é uma crença que possui você. Livre-se dela. Aí, sim, você enxergará a riqueza. Aqui e agora.

### Miragens reais!?!?

**Igor:** Roberto, essa conversa não cola, não. Você está enganado. Não é assim que as coisas funcionam. Nem parece que você é empresário.

**Roberto:** Com o que você não concorda?

**Igor:** Com tudo! As ameaças são reais, a competição é real, a necessidade de lucro é real... Não tem nada de miragem nisso tudo!

**Roberto:** Está bem! Se isso é o que você vê, então está traçada a sua sina: correr atrás do prejuízo a vida inteira.

**Igor:** Ponha-se no meu lugar e verá que tenho razão.

**Roberto:** Igor, você aprendeu a ver o mundo com todas essas miragens. Isso foi um tipo de aprendizado. Agora você precisa aprender e tomar consciência de outras possibilidades.

**Igor:** Então diga logo onde estão essas outras possibilidades.

**Roberto:** Não é assim que funciona, Igor. Antes, é preciso desaprender os comportamentos que o distanciam dessas possibilidades. Lembra dos três D's? Eles existem por conta dessas miragens. A partir daí, você será capaz de enxergar um mundo que já está diante de você, mas que você não vê.

**Igor:** Isso me parece tão improvável...

**Roberto:** Ao menos tente! Vem comigo e respire fundo... Tenho mais a lhe dizer.

## 4  O AVESSO DA RIQUEZA

### Direto ao ponto

**Lélla:** Está bem! Já entendi os três comportamentos sabotadores da riqueza, os enganos que cometemos quando acreditamos nas miragens... desse jeito vou ficar *expert* sobre o que não faz a riqueza. Quando é que eu vou aprender o que faz a riqueza?

**Roberto:** Lembre-se de que você precisa, primeiramente, conhecer os fatores que restringem a riqueza. Quem conhece, reconhece. Assim, você poderá flagrá-los no seu dia a dia e combatê-los. Esses fatores são os seus principais sabotadores.

**Lélla:** Está bem! Mas já estamos no capítulo 4 do livro e até agora nada de falarmos sobre o que faz as tais riquezas.

**Roberto:** Precisamos ir mais fundo, Lélla. Reconhecer como nossas práticas destroem riquezas ao invés de construí-las. O primeiro passo para construir riquezas é deixar de subtraí-las.

**Lélla:** Você sabe, né? Estou ansiosa... Gosto de ir direto ao ponto.

**Roberto:** Isso me faz lembrar do Ueshina, mestre e fundador do Aikido.

**Lélla:** O que é que tem ele com a nossa conversa?

**Roberto:** Quando um dos seus alunos perguntou-lhe quantos dias levaria para aprender Aikido, Ueshina respondeu: "Dez anos". Alguns dias depois, ainda contrariado com a resposta, o aluno fez a mesma pergunta. Ueshina respondeu sem hesitar: "Trinta anos". O aluno quis saber por que o tempo estendia-se tanto. O mestre respondeu: "Um homem que tem tanta pressa como você raramente consegue aprender rapidamente".

Lélla não pareceu convencida.

### "Peixes tóxicos"

Recordemos, antes de tudo, quais são os três D's sabotadores da riqueza: a desatenção, o desalinhamento e a desesperança. Esses tipos de comportamentos são muito estimulados pelos "peixes tóxicos" decorrentes da *tática da foca*. Diante disso, as miragens se consolidam como "verdades" absolutas, num ciclo perverso e contínuo gerador da antirriqueza.

A *tática da foca* realimenta o ciclo da antirriqueza em dois sentidos: do lado de quem age como foca e que depende de estímulos externos para agir; do lado do treinador que oferece peixes, como alguém que deseja controlar o comportamento dos outros e manipulá-los para que sirvam aos seus propósitos. Prisioneiros de suas miragens, ambos desperdiçam e destroem riquezas.

Tome como exemplo o que acontece em muitas empresas. Nelas, as equipes de trabalho não foram educadas para compreender uma empresa como um organismo vivo, dotada de corpo, mente e alma. As pessoas são treinadas, pressionadas e remuneradas para atingir as metas de faturamento e de resultados, ou seja, gerar fluxo de caixa ou, mais diretamente, fazer dinheiro.

Foram recompensadas, como reza a *tática da foca*, para produzir e vender, não necessariamente para se relacionar ou trabalhar em equipe. Foram treinadas para pensar mais no fluxo de caixa da empresa ou na comissão sobre as vendas do que nas necessidades e desejos do cliente, mesmo quando estão diante dele.

A situação é paradoxal, uma vez que o lucro de uma empresa está no *quem* e não no *quanto*, mais precisamente no bolso do cliente, que no final das contas é quem se decide pela compra e assina o cheque.

É claro que dinheiro é importante, tanto para os negócios quanto para as finanças pessoais. Mas quando a atenção está no dinheiro acima de tudo, corre-se o risco de se desviar do que é mais importante e do que verdadeiramente gera dinheiro, de maneira permanente.

Dinheiro é o tipo de recompensa mais comum, mas existem outras: medalhas, *bottons*, canetas e bônus. Todas são "peixes tóxicos" quando a intenção é exercer controle e estimular comportamentos considerados "adequados" (e, por isso mesmo, com determinado formato). As pessoas acabam por dividir suas atenções entre o que realmente importa é a recompensa. Tome como exemplo o processo de criatividade nas empresas. Em geral, as ideias são muito generosas e nem um pouco mercenárias. Não se vendem por um preço qualquer, mas se oferecem por vontade própria. São espontâneas por natureza.

Quando a atenção está no "par de bolsos" do cliente, trocam-se os meios pelos fins. O cliente passa de sujeito a objeto. Vira um simples item da carteira de clientes, um número no cartão, uma matrícula, uma conta corrente, um CNPJ, CPF ou RG.

Perdemos totalmente o foco, o ponto onde deveria estar a nossa atenção. Podemos fazer a venda, conquistar o pedido, aumentar o faturamento, mas teremos que reproduzir esse mesmo e exato feito inúmeras outras vezes, pois não há garantia de que esse cliente tratado como um "par de bolsos" deseje ser leal. Ninguém consegue fidelizar "pares de bolsos", porque eles, simples objetos, voltam-se sempre para quem oferece um centavo a mais de desconto. Apenas clientes tratados como sujeitos são fidelizáveis. Antes de tudo, eles sentem que são tratados de maneira especial.

Se a nossa atenção estiver no cliente, como uma pessoa que busca algum tipo de ajuda ou solução, certamente redobraremos nosso cuidado. Estaremos dispostos a compreender suas necessidades, sentimentos e valores, e é esse o foco certo. O dinheiro será a justa recompensa de uma relação nutritiva. Saudável, portanto, para ambas as partes.

É bom frisar que o cliente não é o único "quem" ignorado. As pessoas que fazem o trabalho são tão anônimas quanto o cliente. Por isso, em muitas empresas elas continuam sendo chamadas de mão de obra. Nada mais impessoal e obsoleto! Está aí a fórmula infalível para afastar a riqueza: mão de obra produzindo bens e serviços para pares de bolsos. Miséria absoluta!

O dinheiro, como incentivo financeiro, é um dos estímulos mais usuais na *tática da foca* para induzir a produção de resultados. Indiscutivelmente é um fator de motivação significativo. Caso contrário, tantos não perderiam suas vidas em empregos detestáveis ou em jogos de azar por causa dele. É, no entanto, limitado para gerar riqueza o tempo todo. É como a água que não sacia. E tão logo os funcionários sejam seduzidos por propostas mais tentadoras, lá vão eles por alguns trocados a mais, já que não há mais nada que os retenha.

Diferentemente de um propósito, o dinheiro não motiva a todos do mesmo jeito. As expectativas das pessoas são muito diferentes. E tem também um outro lado da história: o jogo do faz de conta. Quase todo programa de incentivo financeiro pode ser manipulado por empregados espertos, em proveito próprio.

E não se iluda: as recompensas podem ser monetárias e psicológicas. Ambas são "peixes tóxicos". O elogio é um exemplo de recompensa psicológica. Dependendo das intenções, o tiro pode sair pela culatra.

Muitos elogios são feitos no intuito de exercer o controle sobre o outro. Exemplo: "Parabéns, você excedeu as (minhas) expectativas". Quando isso é percebido, as ideias esvaem-se, bem como a possibilidade de gerar riquezas a partir desse precioso insumo. Até mesmo porque as pessoas começam a fazer um "inventário" do que é elogiado e tendem, também, a repetir caminhos. Como ocorre no processo de adestramento das focas.

### A antirriqueza

"Nós vos pedimos com insistência:
Nunca digam – isso é natural!
Diante dos acontecimentos de cada dia.
Numa época em que reina a confusão,
em que corre o sangue,
em que o arbitrário tem força de lei,
em que a humanidade se desumaniza...
Não digam nunca: isso é natural!
A fim de que nada passe por ser imutável."
*Bertolt Brecht*

Há quem não veja relação entre riqueza e trabalho, riqueza e pessoas, riqueza e ética, riqueza e espiritualidade, como se esses assuntos pertencessem a áreas diferentes. No mundo do trabalho e dos negócios, a riqueza é reconhecida como uma grandeza econômica. E é exatamente aí que está o problema: ao tratar o trabalho e os negócios com tamanha impessoalidade, ou como apenas parte de cada um de nós, fazemos deles apenas meios para extrair ganhos e nos proteger dos riscos da sobrevivência.

Falta uma "pessoa inteira" para produzir um trabalho ou conduzir e liderar um negócio. Dessa forma, em vez de dirigirmos os nossos trabalhos ou negócios, são eles que nos dirigem e nos controlam. Nós, que nascemos para ser criadores, transformamo-nos em criaturas condenadas a uma triste busca de sustento, segurança e preservação.

O trabalho e os negócios devem ser dissociados das outras esferas da vida? Talvez essa dissociação é que esteja causando tantos estragos: o abismo entre os ricos e os pobres continua crescendo. E que ninguém se iluda ao comemorar porque está entre os privilegiados: com tanta miséria, eles se sentem continuamente ameaçados.

O desequilíbrio social cobra um preço altíssimo a ambos os extremos. A deterioração do meio ambiente acentua-se a cada dia. O tráfico de drogas expande-se como um tenebroso campo de "negócios" que oferece largas margens de lucros a seus operadores, ao mesmo tempo que contribui decisivamente para a inexorável deterioração de valores fundamentais. Um outro e mais terrível tipo de perde-perde.

O trabalho escravo e a exploração da mão de obra – até mesmo infantil – ainda persistem, quando deveriam ter ficado longe, confinados aos tristes anais da História, no passado. E ainda vigoram, com extrema capacidade de mutação, como os piores vírus, a corrupção, as jogatinas e as malandragens com capital, comandados por gente que deveria dar exemplo de ética e cidadania. São os tais crimes do colarinho branco.

As guerras acentuam-se entre empresas e nações, quase sempre na disputa pela riqueza econômica.

A ciência econômica sobrepôs-se a outras ciências. A fé no poder que o mercado teria de nos trazer todas as coisas que desejamos fez com que muitos de nós colocássemos todas as fichas nesse jogo. Alimentamos a ideia de que a alegria deriva dos sentidos, das experiências sensoriais proporcionadas pelo consumo de bens materiais. Isso nos torna apegados às coisas. E, ao mesmo tempo, sentimo-nos ameaçados pela simples possibilidade de perdê-las para outros.

Somos, portanto, vítimas e reféns de uma *tática da foca* macroeconômica, que controla o mercado através do medo e da carência. A carência de ter, o medo de perder, o receio de que a nossa carência não seja satisfeita.

Para melhor ou para pior, a economia, os mercados, as empresas, os negócios e o trabalho são resultados das nossas percepções e, portanto, das decisões e ações dos seus protagonistas. Se queremos conquistar a *metarriqueza,* temos de olhar profundamente para quem somos, o que são os nossos negócios, o que queremos com eles, e responsabilizar-nos por isso.

Diante de tal quadro, a melhor pergunta a fazer agora é: você está em busca de que tipo de riqueza?

### Fósforos usados

No início, o comércio era bem simples. Alguém produzia arroz, outra pessoa criava cabritos. E ambos encontravam-se no centro da aldeia mais próxima para fazer a troca, caso estivessem interessados no produto alheio. Dava-se a essa operação singela o nome de escambo, um negócio baseado na permuta ou na barganha.

É claro que existia um complicador: a necessidade do produtor de arroz nem sempre era o cabrito do vizinho e vice-versa. A criação do dinheiro facilitou muito a vida das pessoas. Como moeda corrente, o dinheiro favoreceu a expansão dos mercados e o crescimento do comércio internacional. Também como moeda de troca, o dinheiro passou a representar a riqueza econômica, capaz de possibilidades ilimitadas na aquisição das mais variadas coisas. Mas boa parte dessas coisas existe para preencher o vazio existencial que nos assola, portanto, o dinheiro adquire poder descomunal ao ser visto como o melhor instrumento para aliviar a tensão das nossas carências. Mesmo que essas carências sejam, também, miragens. Não essenciais, mas simples matéria de ostentação.

Não é sem motivo que o dinheiro é tão perseguido por alguns, como se nada mais houvesse a fazer na vida. Parece, mesmo, a varinha de condão perfeita para propiciar tudo.

É bem verdade que o dinheiro, em si, não é uma coisa ruim, como alguns podem achar, olhando apenas parte da realidade. Além de facilitar as trocas, é também um elemento de vivência social. Graças a ele, as pessoas encontram-se e relacionam-se, enquanto permutam seus talentos inseridos nos produtos e serviços que produzem e vendem. O dinheiro é gerador de riqueza quando adquirimos o máximo de qualidade de vida sem gerar escassez para nós e para os outros.

Em tese, está tudo nos eixos. Mas, na prática, infelizmente, não é sempre que isso ocorre. Alguns tratam o dinheiro como aquele sujeito que vê um fósforo no chão, recolhe o palito, esfrega a cabecinha dele numa pedra, vê a chama surgir e apagar-se. Feliz da vida coloca o fósforo no bolso e diz:

– Já que funciona, fico com ele!

A anedota mostra bem como muitos gostam de juntar fósforos apagados. Dinheiro acumulado é riqueza congelada ou antirriqueza.

Ainda que seja um meio eficaz de fazer circular a riqueza econômica, o dinheiro também pode ser causador de antirriqueza e entenda por antirriqueza algo que produz escassez. É quando, seduzidos por seu poder e fascínio, desalinhamo-nos dos nossos valores e virtudes e entregamo-nos aos vícios da ganância e da avareza.

Ganância é possuir muito além do que necessitamos, muitas vezes às custas da miséria alheia, e avareza é acumular o excedente de maneira inerte, impedindo que circule. A mentalidade de escassez baseia-se na crença de que é preciso reter os bens, acumular cada vez mais, apenas para si. E, mesmo assim, recear continuamente a perda desse patrimônio.

Nesse sentido, o dinheiro é também uma expressão das virtudes e sentimentos. Quem é avaro com o dinheiro, é também com as suas virtudes e sentimentos. Economiza nas virtudes geradoras de riqueza, como as que veremos nos próximos capítulos.

### Medo da rejeição, desejo de aceitação

Talvez você não ache nada esquisito que as pessoas entrem em um elevador e imediatamente coloquem-se de frente para a porta, de costas, portanto, aos demais com quem estejam compartilhando aquele exíguo espaço, por alguns minutos. Mas quem ousa fazer o contrário – entrar e postar-se diante dos demais, quem sabe com um cumprimento simpático, uma troca de olhares? Como o costume é outro, as pessoas tratam de segui-lo. Parece desconfortável nadar contra a maré. Ninguém gosta de parecer esquisito.

Por que muita gente não usa todo o seu potencial para gerar riquezas? O que bloqueia internamente o seu caminho?

A maior parte das pessoas vive numa frequência modulada, fora da esquisitice. Explico: prevalece uma inteligência comum, moldada pelas miragens provocadas pela *tática da foca*.

Assim, vemos nas empresas, com muita frequência, pessoas ocultando talentos extraordinários, com receio de não serem aceitas por essa inteligência comum. Como a fábula da águia que vive entre as galinhas e ajusta-se ao meio, ciscando rasteiro ao invés de alçar voos livres e altaneiros.

Vários são os fatores que nos levam a negar os nossos talentos. O primeiro deles está relacionado ao medo da rejeição, de não sermos aceitos assim como somos. É triste, e mais comum do que se imagina, ver nas empresas colaboradores talentosos tornarem-se subservientes por medo de represálias, caso se sobressaiam.

Em resumo, um indivíduo inteligente aceita inferiorizar-se, ser nivelado por baixo, abrindo mão de boa parte de seus talentos, em nome da segurança e da autopreservação.

Existe, pois, um medo da riqueza, principalmente quando ela implica em ser diferente (ou esquisito), ser alvo de rejeição, sair do lugar-comum. É como se nos tornássemos dependentes dos "peixes tóxicos", aqueles que constam do cardápio convencional da *tática da foca* e que satisfazem as pessoas por igual – ou que, da mesma forma, não asseguram nutrição a ninguém. Existe um medo de crescer e exercer as potencialidades. De descobrir em cada um de nós o que nos torna diferentes, os nossos talentos, a fonte da nossa riqueza.

Essa atitude, porém, tem um preço. A natureza mais profunda de uma pessoa não pode ser negada. Se ela não vive a sua espontaneidade e a sua liberdade de forma solta e desinibida, tentará vivê-las em sonhos reprimidos ou em miragens distorcidas. Para esta pessoa, a vida vai se tornando uma luta permanente entre o talento e o sonho não realizado. Entre o desejo e o potencial desperdiçado.

Um conflito infindável.

Algo semelhante a suicidar-se, por medo de morrer.

A imagem é forte, mas cabe muito bem, porque ao abafar e rejeitar seu talento ou desejo mais íntimo, uma pessoa vegeta, não vive.

### Quem é você?

"Vosso mau amor de vós mesmos
vos faz do isolamento um cativeiro."
*Nietzsche*

Boa pergunta! Qual é mesmo o seu nome? O que significa? É claro que você não esqueceu do seu próprio nome, ele está aí em todos os seus documentos e é repetido à exaustão nas fichas cadastrais que costuma preencher. Documentos e fichas cadastrais, no entanto, só descrevem uma primeira camada visível a seu respeito. Muito pouco, quase nada. Tênue, levíssima superfície, que muitas vezes nem você procura desvendar melhor, naquele "vou vivendo" que não deixa tempo para mais nada, senão fazer o que tem que ser feito.

Invada outras camadas: que tipo de pessoa você é? Talvez aqui você se atenha ao que faz, à sua profissão, ao seu cargo, à sua posição social. Ainda é muito pouco, todas essas funções ainda não são você.

Quem você é realmente?

Pai, mãe, marido, esposa, irmão, irmã, amigo, amiga, patrão, patroa, empresário, empresária, executivo, executiva, funcionário, funcionária, presidente do clube, pároco da igreja, todos esses papéis também não são você. Então, quem é você? Esta aí uma bela questão para se refletir a respeito.

É possível que você tenha levado boa parte da sua vida adulta na tradicional roda-viva: agenda lotada, muito trabalho, esforços além do limite razoável, inúmeros afazeres. Para variar, quando chega o balanço de final de ano, você constata que adiou mais uma vez aquele projeto pessoal de aprender algo novo, de praticar um esporte, de fazer ginástica regularmente em uma academia, de aprender a pintar ou a dançar... Essas coisas são muito boas, mas também não são você. Afinal, para que servem todas elas? Talvez só para te deixar ainda mais distante de você.

Uma vez ou outra quem sabe você cogite trocar de nome, mudar de emprego ou até de cidade, escolher outra religião ou mesmo optar por uma – nem sempre é costume abrir espaço para o metafísico nessa existência tão materialista a que nos condenamos. Muitas pessoas fazem isso na tentativa de deixar de ser aquilo que têm sido até o momento presente, quando percebem aspectos de si que não lhes parecem nada satisfatórios. Sentem-se perdidas de si, de sua essência, e querem reencontrar-se em algum novo tipo de vida.

Que fácil seria se pudéssemos nos encontrar mudando apenas de lugar, ou de nome, talvez... Mas, aonde vamos, levamos nossa sombra e a luta sem fim contra nós mesmos. O ego reconstrói inexoravelmente o meio que o sustenta.

Não é à toa que encontramos os mesmos problemas em lugares diferentes e com outras pessoas. Renovar lugares e pessoas é fácil. Difícil é renovar o nosso olhar sobre tudo que nos cerca. Difícil é transformar esse olhar empedernido num olhar de mansidão.

Qual a origem dessa ausência de paz?

De onde vem esse embate contínuo, de que nem temos exata consciência às vezes, mas que se manifesta por inquietações, insônias, irritações e até mesmo doenças?

Quem é você?

O fato é que muitos enganam-se a respeito de si mesmos, construindo uma imagem diferente da real. E esse autoengano deliberado, mas nem sempre consciente, conduz-nos a muitos equívocos nas decisões que tomamos durante nossa existência.

Veja como a coisa funciona: quando não praticamos aquilo em que acreditamos, traímos a nós mesmos, os nossos valores. E quando traímos a nós mesmos, criamos um mundo imaginário capaz de explicar essa deslealdade. Afinal, somos seres naturalmente morais. Então, precisamos de um cenário que justifique os nossos atos, contemporize as nossas culpas, e para isso distorcemos nossa visão da realidade. Produzimos as nossas miragens. Não somos capazes de enxergar as coisas como elas são. Vemos os outros através de uma lente embaçada e não conseguimos confiar em quem vemos e no que vemos.

Se não somos confiáveis, desconfiamos também dos outros. Se não somos leais, achamos que os outros também são desleais. Aumentamos os defeitos dos outros – criamos preconceitos – ao mesmo tempo que realçamos nossos méritos – afinal, o ego precisa de suas defesas.

A nossa autoimagem é também uma miragem que não corresponde à realidade. Então não somos mais uma única pessoa, e sim duas. Aquela que somos capazes de ver, diferente daquela que os outros veem.

A vida vira o diabo (do latim *diabolo,* aquele que divide e perverte). Curiosamente, a origem da palavra pecado, segundo os gregos, é *hamartia,* que significa perder o eixo, o centro, mirar o alvo e não acertá-lo ou lançar um olhar enviesado sobre a realidade.

Quando sua alma está dividida, parte de você quer fazer uma coisa enquanto outra parte quer fazer outra.

Você conta para a pessoa que está disposta a comprar o seu carro que existe um defeito na bomba de gasolina ou na caixa de direção?

Você mostra ao interessado na aquisição de seu apartamento que existe uma infiltração no teto do quarto da empregada?

Você resiste ou cede à tentação de agir contra o que considera correto? Ou é indiferente?

### Todos agem assim!

**Igor:** Todos agem assim!
**Roberto:** Todos?
**Igor:** Claro! Todos fazem isso! Todos sonegam impostos, todos compram produtos piratas, todos manipulam informações, todos jogam lixo nas ruas, todos fecham os cruzamentos, todos subornam, todos são corruptíveis.
**Roberto:** Todos quem? Você está criando um mundo próprio, uma miragem, habitada por esses "todos".
**Igor:** Já entendi! Todos menos você, que é todo certinho.
**Roberto:** Então, pelo que entendi, esse *todos* inclui você! – provoco. O problema é que você fará as suas apostas para geração de riquezas com base nessa sua "verdade".
**Igor:** E é isso mesmo o que faço, não posso ser ingênuo.
**Roberto:** Mas, e se você estiver equivocado? Todas as suas decisões e ações também estarão equivocadas. E aí vai ser muito difícil acertar o alvo.

Sem dar muita bola aos meus comentários, Igor joga o resto do cigarro pela janela.

### A miséria que mora em cada um de nós

Construir uma autoimagem falsa tem seus perigos. Com o tempo, ela se transforma na nossa "verdade". E assim aprisionamo-nos e vivemos reféns de uma falsa realidade que nós mesmos criamos. Impressionante, mas corriqueiro e paradoxal. É diante dessa falsa realidade que planejamos e vivemos a vida.

Vamos imaginar alguém com uma visão totalmente distorcida. E que se vê como a última das criaturas. Da mesma forma, considera os outros como desprezíveis e ameaçadores. A vida, para uma pessoa nessas condições, é uma prova de resistência. O mundo é um verdadeiro inferno e Deus é pouco mais do que uma cruel ilusão ou um implacável julgador.

Certamente, essa criatura gostaria que o mundo parasse para poder descer. Suas percepções geram um violento e incessante castigo. Uma visão limitante e punitiva é como uma corrente que nos mantém amarrados. Imóveis e no mesmo lugar. Assim, aquela pessoa imaginada é uma paródia de si mesma, e cada novo ano tem diante de si a monótona repetição da tristeza do anterior. Com o tempo, nada mais lhe resta senão acostumar-se a viver atrás da cerca, sentindo-se vítima do destino. Essa é a vida na escassez. Sua origem está no descaso com os seus valores, com a sua essência.

A escassez consolida-se na medida em que é reafirmada. Quanto maior é o esforço para negar e reprimir qualquer nova e diferente perspectiva, de maneira a manter a escassez intacta, maior é a energia gasta nesse esforço. Essa energia vai se tornar cada vez menor para a geração de riquezas. Desperdício irreparável de vida!

O fato é que, cedo ou tarde, teremos de enfrentar os nossos dragões. Cada um de nós tem na vida um monstro diferente. Um medo a ser encarado. E as pessoas e as situações que nos deixam mal são meros disfarces desse medo, do dragão que nos habita. Todos os seres que encontramos são, na verdade, nós mesmos. Todos trazem uma parte essencial de nosso enigma, mistérios que temos de esclarecer para compreender-nos e tornarmo-nos quem de fato somos.

Enfrentar o dragão é reconhecer a armadilha do ego. É retornar ao instante da queda, ao lugar onde perdemos a liberdade. E perdemos a liberdade quando aceitamos a *tática da foca*. Fomos ludibriados pelos "peixes" sedutores. Incluem-se aqui os aplausos da sociedade. A sociedade está pouco preocupada com a nossa consciência, com a vida interior, com a essência. Ela admira as aparências, os esforçados, os enfartados.

Amor, saúde, dinheiro, status, prestígio, reconhecimento, filhos etc. Você vive para contar o que faz para os outros e para si ou você simplesmente vive o aqui e o agora? Nós nos tornamos os personagens que criamos para nós mesmos, ao invés de ser o que somos, de existir simples, natural e alegremente. Desperdiçamos a vida. E nos afastamos da *metarriqueza*.

### Do breu à luz

**Lélla:** Você poderia pegar mais leve. Esse capítulo me colocou para baixo.

**Roberto:** Desculpe, mas precisava dizer tudo. Do breu, vamos à luz! Anime-se!

## 5 AS DIMENSÕES DA RIQUEZA

### A riqueza e suas conexões

Agora, sim, é hora de conhecermos a riqueza em toda a sua plenitude. Substituir a mera riqueza, aquela que depende do acaso, pela *metarriqueza*, aquela que nos faz enxergar e ir além.

Precisamos desenvolver uma visão mais sistêmica da riqueza e das conexões entre as suas dimensões.

### A essência do trabalho

Uma maneira de construir riqueza é conhecer mais sobre o potencial do nosso trabalho e dos nossos negócios, a natureza deles, sua raiz. Em geral, quando perguntados sobre "qual é o seu trabalho?", as respostas recaem na descrição de funções ou cargos, quando não se limitam a discorrer sobre algumas tarefas. E sempre com o indispensável complemento, seja explícito ou subliminar: "Com o objetivo de ter um salário todo mês, evidentemente".

Alguns profissionais ficam tão presos às tarefas que, quando trocam de emprego, procuram sempre outro similar – se possível, com as mesmas funções e atividades.

Para essa mesma pergunta, um profissional liberal discorrerá sobre a sua profissão, a sua formação acadêmica, os seus diplomas e extensões no país ou fora dele.

Se a pergunta é: "Qual é o seu negócio?", a maioria dos empresários, executivos e líderes responde fazendo referências ao ramo de atividade ou aos produtos e serviços que oferecem ao mercado. E a frase quase sempre termina assim: "Com o objetivo de obter lucros, evidentemente".

Poucas pessoas conseguem ver nos seus negócios ou no que fazem um propósito mais elevado ou mais profundo.

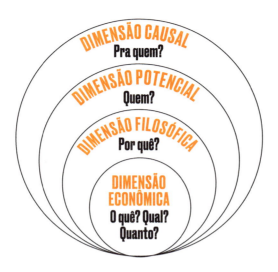

### Dimensão econômica

O trabalho – e a empresa onde ele se manifesta – possui algumas dimensões. A primeira é econômica, restringe-se ao plano material, composto por máquinas, equipamentos, produtos, relatórios, dinheiro. A pergunta "qual ou o quê" remete a essa dimensão. É uma dimensão física e tangível, que trata dos recursos e dos processos.

Sem dúvida, uma dimensão importante. Sem ela não haveria um produto ou um serviço. O problema é que muitos profissionais, presos a essa dimensão, não conseguem enxergar além do produto que elaboram ou do serviço que prestam.

Para quem elabora, o trabalho é traduzido em carga horária trocada por dinheiro (salário, prêmios de produção, horas-extras). Inovar implica sempre em algum tipo de risco, que deve ser evitado para que as recompensas financeiras não sejam ameaçadas. Portanto, o máximo que se consegue é limitar-se às melhorias contínuas, processo através do qual tudo acaba sempre no mesmo lugar.

Para quem dirige negócios, os produtos ou serviços são trocados por dinheiro (preços, descontos, promoções). As estratégias são definidas em função da equação: receitas – despesas = lucro. E tudo é feito para elevar ao máximo a primeira variável e minimizar tanto quanto possível a segunda. Por isso, as inovações não passam de variações sobre o mesmo tema (mudanças na cor, na forma, no sabor, no cheiro, na embalagem etc.).

É preciso cuidar da dimensão econômica, do padrão de qualidade dos produtos e serviços, da viabilização econômica da operação comercial ou industrial, da boa administração financeira. É bom que se frise que a dimensão econômica é importante, mas por si só é limitante do potencial de riqueza que um trabalho ou negócio podem oferecer.

### Dimensão filosófica

Todo trabalho ou empresa deveria evoluir para uma outra dimensão, além dessa primeira, tão elementar, expandindo-se para uma dimensão filosófica. É quando buscamos uma resposta para o "por quê". Por que ele (o trabalho, o negócio, a empresa) existe? Quais as razões pelas quais foi criado? Essas perguntas fazem com que pensemos nas razões pelas quais ele existe, nas verdadeiras causas, na sua missão original. Muitas vezes é preciso voltar à origem de um negócio para recuperar o significado perdido e esquecido, depois de uma incrível sucessão de crises vividas nas lutas pela sobrevivência.

Na década de 1980, auxiliei a criação de muitos negócios quando eles ainda eram ideias. Vale lembrar que nessa década aconteceu o *boom* de empreendimentos decorrentes dos processos de terceirização e franquias no mercado brasileiro. Era, então, procurado por profissionais que sonhavam ter o próprio negócio. Em geral, os tipos de demandas prenunciavam o sucesso ou insucesso dos futuros empreendimentos.

– *Roberto, o que está "dando" dinheiro por aí?* Essa pergunta partia sempre de alguém que não tinha nenhuma razão consistente para empreender, a não ser o objetivo de "ganhar dinheiro" para assegurar o sustento. E era só aguardar para ver que a investida daria em nada. O tipo de negócio natimorto ou que ultrapassava o primeiro ano de vida, mas sempre aos trancos e barrancos. Mais ou menos semelhante ao eterno carregar a pedra para o topo do barranco, mas na certeza de que rolaria de volta ao sopé, em seguida. A tarefa milenar do mitológico personagem Sísifo.

– *Roberto, quais são as novas tendências do mercado?* Tendências do mercado implicam moda, coqueluche, muita visibilidade e presença vigorosa e constante na mídia. O sonho máximo de exposição era ser capa de revistas. Esse é o tipo do empreendedor que gosta de surfar as ondas do mercado, pegando carona nas tendências. Empreendedores movidos pela vaidade estão à procura de admiração, prestígio, respeito, *status*. Querem o aplauso da sociedade, o reconhecimento dos amigos, a congratulação da família, a aprovação do pai ou da mãe. Tudo o que importa são os refletores iluminando seus movimentos. Esse tipo de empreendedor é, em geral, ambicioso e inteligente. E a vaidade funciona, de certa forma, como uma força impulsionadora. Quando atrelada à competência, pode gerar empreendimentos bem-sucedidos. E também outros desdobramentos.

Alguns desapareciam junto com as modas e as coqueluches que os inspiraram. Outros tomavam novos rumos, regidos pela sagacidade do empreendedor e pela sua competência de bom surfista. Sempre em busca das ondas perfeitas, o que implica também correr riscos não raro muito significativos, esses equilibristas procuravam se adequar aos novos cenários. Sem fazer feio, claro, porque ninguém aplaude perdedores. E havia, ainda, os que construíam negócios admirados mais pelos outros do que por eles mesmos, porque já não viam neles tanta graça e interesse. Talvez porque a vaidade tenha deixado de ser a sua força impulsionadora.

*– Roberto, tem uma coisa que me deixa indignado: ninguém consegue resolver o seguinte problema...* Ah! Agora estamos diante de uma indignação e da vontade de resolver algum tipo de problema. Há uma razão filosófica para que o futuro empreendimento exista e prospere. É uma outra dimensão da riqueza, além da econômica. Para pessoas que percebem isso, um negócio é um meio através do qual podem expressar os seus talentos. Não quero dizer, com isso, que essas pessoas sejam desprovidas de ambição, mas que esta está mais direcionada para dentro, para aquilo que se deseja e acredita, do que para fora, para a busca de aprovação e de sucesso aos olhos dos outros.

É verdade que os negócios possuem sua magia. Nem sempre serão bem-sucedidos apenas porque o empreendedor usa muito bem o seu talento específico. Mas quando se é movido pelo talento e resolve-se algum tipo de problema ou atende-se determinada demanda externa, ampliam-se muito as chances de êxito. Releia este tópico sobre dimensão filosófica substituindo a palavra "empreendedor" por "gerente" ou "funcionário" e a palavra "empreendimento" ou "negócio" por "empresa" ou "carreira" – o raciocínio é o mesmo.

### Dimensão potencial

Quem o faz? Essa pergunta conduz a uma terceira dimensão, a potencial, pois considera o indivíduo, o grupo, a equipe, a organização. É a identificação do organismo social que cria e elabora por meio das suas potencialidades.

Essa dimensão é negligenciada em muitas empresas, principalmente naquelas em que o líder orgulha-se mais da máquina do que de quem a opera. Ou do estabelecimento comercial em que o lojista orgulha-se mais das marcas do que de quem as vende. A dimensão econômica (máquina, marca) prevalece sobre a dimensão potencial (pessoas, competências).

Na dimensão econômica o *quem* é tratado como um item de custo. Deve, portanto, ser contido ao máximo, para que a equação resulte positiva. Prova disso é a alta rotatividade, principalmente no comércio, com a intenção de manter a folha de pagamentos em níveis baixos.

No entanto, o *quem* é uma poderosa fonte de riquezas. É uma dimensão potencial, porque pouco reconhecida nas suas possibilidades por parte dos líderes e da empresa. Esse *quem* se supera quando participa das decisões, quando tem autonomia, quando se sente influente, quando vê significado naquilo que faz. Diante dessas condições, o *quem* assume um compromisso emocional e psíquico, e então é capaz de ir além, de vencer bloqueios, romper barreiras, de buscar em si toda a riqueza da qual é capaz.

*Quem* é um pronome esquecido. Quando lembrado, em geral, é como objeto: mão de obra, força de vendas etc. Quando se transforma em sujeito, passa a ser uma poderosa dimensão geradora de riqueza. Capaz de buscar e desenvolver, com autonomia, as competências de que necessita para oferecer um desempenho melhor.

### Dimensão causal

E ainda existe uma quarta dimensão que coloca o trabalho e a empresa em um outro estágio de compreensão. É quando buscamos uma resposta para a pergunta: "Para quem é o trabalho?". Faça o teste! Todos os dias você tem uma lista de tarefas e afazeres. Você lembra para quem é tudo isso? Você os conhece? Tem clareza do quanto eles estão satisfeitos com o seu trabalho?

Se você é líder, faça outro teste! Pergunte a alguns dos seus funcionários ou colegas: "Quem é o cliente?" Vai se assustar com as respostas. Verá que cada um deles trabalha com um cliente diferente em mente, pressupondo necessidades e desejos muito aquém – ou muito além – da realidade.

*Para quem* é a pergunta mais importante de qualquer trabalho ou negócio, mas raramente formulada. Pergunte *o quê* e *como* e logo terá muitas respostas, muitas delas convergentes. Mas pergunte *para quem* e verá divergências de todos os tipos. Muitas vezes o *para quem* é traduzido em índices estatísticos, que inferem classe social, faixa etária, nível de renda, região geográfica etc. Mas o *para quem* é mais que isso. Possui necessidades declaradas e não declaradas, e interesses que vão além do produto ou serviço oferecidos. São seres humanos dotados de sentimentos e valores.

Somente conhecendo o *para quem* seremos capazes de surpreendê-lo positivamente, de ir além das suas demandas declaradas, de ajudá-lo efetivamente a resolver os seus problemas, de construir com ele um futuro promissor, de conquistar juntos a *metarriqueza*.

*Para quem* é a dimensão mais esquecida! A quem o trabalho serve? A quem o negócio serve? Essas são boas perguntas que remetem a uma outra dimensão de riqueza, a dimensão causal (espiritual, até). Contribuir para quem? Eis a pergunta que posiciona empresas, negócios e competências à tarefa mais nobre e grandiosa: servir a algo ou alguém. É quando trabalhos e negócios transformam-se em imprescindíveis pegadas.

### A riqueza na plenitude

A riqueza tem magnitudes diferentes conforme a dimensão. Será apenas uma riqueza econômica, se o trabalho ou negócio estiverem limitados à dimensão econômica; será um outro tipo de riqueza, mais consistente, se houver respostas para a dimensão filosófica; mas certamente será uma riqueza mais abrangente se considerar as duas últimas dimensões, não por acaso dimensões humanas. Na dimensão humana, o trabalho e o negócio oferecem uma decisiva contribuição às pessoas, ao mundo, à vida. E é na sinergia entre as quatro dimensões que conquistamos a *metarriqueza*.

### O direito de conhecer

**Kiko:** Mas isso que você está dizendo é muito curioso! Eu nunca vi esse quem!

**Roberto:** Você está me dizendo que não sabe e não conhece o que é feito com os produtos que você fabrica, é isso?

**Kiko:** Tudo o que vejo na minha frente são ordens de produção. Daí para a frente não sei de mais nada.

**Roberto:** Pois saiba, Kiko, que você contribui de alguma forma para algo ou alguém. Você ajuda a resolver algum tipo de problema. Você presta algum tipo de ajuda.

**Kiko:** Imagino que sim. Mas nunca conversamos sobre isso aqui na empresa – esfregando os olhos como que para ver uma nova imagem. – A conversa por aqui gira em torno dos erros e defeitos nos produtos fabricados.

**Roberto:** Kiko, você faz o trabalho, e o trabalho faz você. Você está no que você produz. E o que você produz atravessa rodovias, céus e mares e vai ser usufruído por alguém. É você, por meio dos seus produtos, quem atravessa estradas, céus e mares.

**Kiko:** Nossa! Nunca pensei desse jeito. Eu bem que gostaria de ver a cara das pessoas quando usam os produtos que nós fazemos aqui na fábrica.

**Roberto:** Peça isso ao seu líder.

**Kiko:** Tem razão! Se nós criamos os produtos que as pessoas usam, então temos o direito de conhecê-las. Vou fazer esse pedido ao "homem".

### A importância do legado

Imagine que a pergunta "qual é o seu trabalho?" seja substituída para "quais as pegadas que você quer deixar com o seu trabalho ou com a sua empresa?" Ou seja, que marcas você pretende esculpir, como inspiração do presente para a posteridade? Como pretende contribuir para que o mundo em que vive seja melhor? Afinal, que sentido teria tanto empenho?

Aí a resposta muda de tom. Alinhar uma série de tarefas com um portfólio de produtos nada tem a ver com o sublime exercício de imaginação, que é refletir sobre as pegadas que gostaríamos de imprimir. É uma outra dimensão. Alguns têm dificuldades em dar uma boa resposta a essa pergunta. Outros conseguem, mas não sem alguma hesitação. O discurso já não flui com tanta objetividade, como acontece antes, mas sempre há o intuito de revelar possibilidades grandiosas e empolgantes.

### Agora sim

**Lélla:** Agora sim começamos a falar de riqueza e das suas dimensões.

**Roberto:** Essas são as dimensões da riqueza no trabalho e nos negócios. Vamos, juntos, conhecer as riquezas que estão em cada um de nós. E então compreender, de uma vez por todas, o que é *metarriqueza*.

## 6   O INFINITO MUNDO DA ABUNDÂNCIA

### A riqueza que nos habita

A boa notícia é que todos nós podemos evoluir em nossa capacidade de gerar e obter riquezas. A *metarriqueza* está ao alcance de cada um de nós. Isso porque o maior controle que possuímos é aquele sobre as nossas percepções. Esse é o nosso maior poder. Determinada realidade pode ser vista, ao mesmo tempo, por diferentes pessoas, como uma ameaça ou como uma oportunidade.

Se uma ameaça sugere preservação, uma oportunidade sugere um desafio. O desafio aciona nossas aptidões. Nossas competências afloram quando nos sentimos desafiados. Da mesma forma, sobem à superfície nossas potencialidades. É quando descobrimos em nós mesmos talentos que não sabíamos existir. Esse cabedal faz parte do nosso tesouro, que reúne todas as nossas riquezas – mesmo as que são inconscientes. Elas estão ali, em nosso interior, à espera de serem usadas.

Oportunidades acionam nossa vontade de descoberta. O medo, estado natural quando nos sentimos ameaçados, dá lugar à curiosidade. O adulto amedrontado cede espaço à criança livre. É na nossa mente que a riqueza se expressa em primeiro lugar, para depois transformar-se em realidade. É rica a nossa imaginação, como são ricos os nossos sonhos. Ela nos conduz ao mundo das infinitas possibilidades. E é nesse espaço de infinitas possibilidades que seremos capazes de enxergar a riqueza que mora em cada um de nós.

Essa mudança de percepção recebe o nome de metanoia.[4] E é ela que nos fará conquistar a *metarriqueza*, ou seja, a riqueza em todas as suas dimensões.

---

[4] Metanoia é a mudança de modelo mental. É um novo olhar sobre a realidade, que muda decisões e ações.

Simples assim? O que, então, nos impede de vivenciar essa maravilha? Substituir a visão de escassez por uma visão de abundância é o exercício fundamental, capaz de livrar-nos das nossas miragens e trocá-las por aquilo que seja real. Esse é o exercício da metanoia, portanto.

É certo que as miragens que habitam a nossa mente são a nossa realidade enquanto lá estiverem. Mas são uma realidade fantasiosa, preconceituosa, estigmatizada. Qualquer aposta que fizermos com base nessa visão enganosa está fadada ao fracasso.

Se somos vítimas da *tática da foca*, acreditamos que tudo o que precisamos na vida são peixes e em quantidades cada vez maiores. Para vencer essa miragem, temos de substituir os estímulos externos por estímulos internos. A força de que precisamos deve vir de dentro, não de fora.

Para isso, os nossos propósitos também precisam mudar. Não podemos viver para propósitos que não sejam os nossos. Os que vêm de fora têm de dar lugar aos internos, próprios de cada um de nós. Assim, abriremos espaços para uma outra realidade – a verdadeira, no sentido de expressar nossa identidade – que nos habita.

E esse espaço precisa ser preenchido com aquilo que melhor nos representa: os nossos valores virtuosos. Deles emanam a nossa real capacidade de construir riquezas, muito além dos malabarismos, acrobacias e piruetas, como dar nó em pingo d'água, num cotidiano angustiante, que parece não ter fim.

## A RIQUEZA DE CADA UM
### Competências

Parte da riqueza que nos habita manifesta-se por meio das nossas competências. Entenda por competências o conjunto dos conhecimentos, habilidades e comportamentos que aprendemos ao longo da vida e que nos torna aptos a resolver os mais variados problemas.

A nossa compreensão provém dos conhecimentos adquiridos por meio de conceitos, definições e teorias. A nossa capacidade de colocar em prática aquilo que sabemos depende de nossas habilidades. Quando tudo isso é feito por meio de comportamentos adequados, aí sim produzimos riqueza de boa qualidade. Esse é o conjunto de competências traduzidas em AÇÃO.

Mas esse conjunto de competências é apenas a ponta de uma ilha muito mais ampla. Todos nós possuímos um potencial maior de competências, esperando para entrar em cena. A começar pela atitude, que indica uma predisposição mental ou uma INTENÇÃO de colocar em prática aquilo que sabemos.

Outra parte desse potencial faz parte da nossa VOCAÇÃO, é lá que estão os nossos dons, talentos e inteligências.[5] Essa parte submersa da ilha abriga, portanto, uma reserva inimaginável de competências.

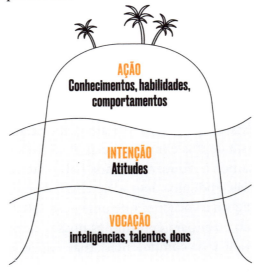

---

[5] As pesquisas do psicólogo norte-americano Howard Gardner constataram a existência de múltiplas inteligências: lógico-matemática, linguística, espacial, corporal-cinestésica, musical, naturalista, pictográfica, interpessoal e intrapessoal.

A razão pela qual nos interessamos por determinados conhecimentos e a facilidade com que desenvolvemos determinados tipos de habilidades nos dão pistas dos nossos dons, talentos e inteligências. As tarefas que condizem com nossa vocação são realizadas de maneira absolutamente natural, sem necessidade de estímulos externos.

Aliás, muitas vezes a nossa vocação sente-se contrariada diante da *tática da foca* e dos *"peixes tóxicos"*. A vontade de contribuir e de colocar a nossa vocação a serviço de algo maior é a nossa mais forte motivação. É essa motivação interna que nos impulsiona e nos faz superar obstáculos considerados intransponíveis.

Muitas vezes, nossos conhecimentos, habilidades e comportamentos não representam a nossa vocação. Foram adquiridos mediante estímulos externos, em vez de indicados por motivações internas. Quantas pessoas mergulham no mundo reduzido da escassez e trocam sua vocação por uma profissão ou cargo por mera ambição financeira? A vocação, essa voz interior, fica preterida, sufocada.

É na vocação que se encontra a nossa maior riqueza, mas para permitir que ela aflore precisamos enxergar a ilha inteira, principalmente a sua parte submersa, que sempre é maior do que a que está à superfície. Precisamos abrir espaço para que os nossos dons, talentos e inteligências desenvolvam-se.

Expressamos a riqueza que nos habita através das nossas competências. Podemos defini-las, então, como o conjunto de ações, intenções e vocações que uma pessoa tem e desenvolve.

Mas como fazer para expandir as nossas competências?

Como avançar da competência atual, expandindo todo o potencial, que permanece geralmente oculto a nós mesmos?

## Autorrealização

"Um músico deve compor,
um artista deve pintar,
um poeta deve escrever,
caso pretendam deixar seu coração em paz.
O que um homem pode ser, ele deve ser.
A essa necessidade podemos
dar o nome de autorrealização.
Refere-se ao desejo do homem
de autopreenchimento, isto é,
à tendência que ele apresenta
de se tornar, em realidade,
no que já é em potencial."

*Abraham H. Maslow*

Termo cunhado pelo renomado psicólogo humanista Abraham Maslow, autorrealização significa uma convocação pura vinda do mundo exterior, capaz de fazer com que aflore a vocação aninhada no mundo interior.

Autorrealização seria, portanto, a concretização do potencial máximo de geração de riquezas que uma pessoa pode atingir na vida. E todo o indivíduo possui um impulso natural em direção ao crescimento, à evolução e à realização, ou seja, o impulso para ser verdadeiramente tudo o que é potencialmente.

O que havia em comum entre todas as pessoas em processo de autorrealização observadas por Maslow era o fato de serem motivadas por um grande e importante trabalho. Entenda por grande e importante trabalho algo que tenha um significado profundo, decorrente de um propósito, uma missão, uma causa.

A autorrealização está, portanto, relacionada com a dimensão causal da riqueza. Podemos concluir, então, que autorrealização é aquele estágio em que o mundo exterior e interior fundem-se e tornam-se a mesma coisa. Alegria plena e riqueza absoluta!

Cada um de nós reage de maneira distinta, diante do mundo exterior, quando seus talentos e o potencial do mundo interior estão reprimidos. Muita gente prefere apoderar-se de tudo o que pode, na esfera material, para compensar o vazio sentido interiormente.

Nesse caso a atitude será a de "quero mais para mim!" – do implacável credor, que jamais sacia a ânsia de extrair o máximo de suas conquistas, as quais, por sua vez, nunca trazem satisfação verdadeira.

Outro tipo de reação é prostrar-se, impotente, diante das demandas desse mundo exterior, colocando-se na posição de mero espectador, que aceita as mazelas como se estas fizessem parte da ordem natural.

Esse desligamento entre mundo interior e mundo exterior impede a autorrealização. Mas, como preconizava Maslow, o impulso natural em direção à realização continua latente.

Funciona como um orientador para uma caminhada lenta, aos trancos e barrancos, claudicante, titubeante, em ziguezague.

### Os valores

"Procure o que é superior a você,
pois é a única forma
de se tornar melhor."
*Santo Agostinho*

Os valores influenciam os nossos pensamentos e os nossos sentimentos. Quando virtuosos – e nem sempre são – os valores refletem pensamentos e sentimentos que expressam o que existe de melhor em cada um de nós. São, portanto, as nossas essências morais e espirituais, a nossa consciência.

Quando vivemos os nossos valores, sentimo-nos fortes e encorajados, além de dignos e orgulhosos do nosso projeto de vida. A recompensa financeira é um bem-vindo meio de vida, mas viver os nossos valores é a vida em si. Nenhum estímulo externo consegue superar a motivação gerada por nossas crenças morais e espirituais.

Os valores promovem o sentimento de que a fonte do poder e do conhecimento está dentro de cada um de nós. Não é algo para ter, mas para ser – e ser o que de mais importante possa-se ser. Torna-se inaceitável a *tática da foca*.

Reconhecemo-nos como capazes e competentes e não estamos dispostos a mercantilizar os nossos compromissos emocionais. Como compreendemos que eles não estão à venda, também somos incapazes de comercializar o compromisso emocional dos outros por meio de estímulos externos.

Os valores virtuosos nos mantêm de coração aberto e a riqueza aflora quando a rigidez é substituída pela flexibilidade de alma. Quando a mente e o coração permanecem abertos, sempre existe espaço para a beleza, a verdade e a bondade, valores que são as fontes da riqueza.

### As virtudes

"Não se deve dar ouvidos àqueles
que aconselham ao homem, por ser mortal,
que se limite a pensar coisas humanas e mortais;
ao contrário, porém, na medida do possível,
precisamos nos comportar como imortais
e tudo fazer para viver segundo a parte
mais nobre que há em nós."

*Aristóteles*

Apenas acreditar não basta. Os valores, apenas como discurso, nada podem diante dos sabotadores da riqueza: a desatenção, o desalinhamento, a desesperança. Quando arraigados, esses comportamentos consolidam-se em hábitos, que por sua vez transformam-se em vícios. Os antídotos contra os vícios são as virtudes. Elas são os valores em ação. Virtude é uma disposição firme e constante para praticar os valores. Os valores são riquezas que nos habitam, mas é por meio das virtudes que somos capazes de criar e gerar riquezas para o mundo.

As três virtudes que constroem e geram riquezas são: a atenção, a integridade e a entrega. Recomendo que, para assegurar um conhecimento estruturado e uma expansão de consciência, a leitura seja feita na ordem sugerida. Na virtude precedente existem fundamentos que facilitam e potencializam a assimilação e incorporação da virtude que se segue.

Como proposta, lance o desafio de viver as três virtudes todos os dias. É uma bem-aventurança a seu alcance viver uma vida de abundância.

### As disciplinas

Disciplina é uma atitude de temperança
ao adiar a satisfação ao mesmo tempo
em que se assume o compromisso.

Diariamente, fazemos centenas de escolhas e tomamos dezenas de decisões. E, diariamente, também somos bombardeados por informações que apresentam ameaças, instigam o medo e tentam manter-nos recolhidos em nossos pequenos quintais. Além disso, com frequência oferecem-nos "peixes tóxicos" enfiados goela adentro pela mídia e outros meios de persuasão.

Para não cedermos às tentações, existem os valores. São como uma bússola moral e um guia espiritual, ambos imprescindíveis para que permaneçamos firmes no nosso eixo e orientados para os nossos propósitos. As virtudes, uma vez vividas em sua plenitude, nos farão tomar as melhores decisões, aquelas que constroem e geram riquezas. Mas isso não pode ser uma ação eventual ou episódica. Precisa fazer parte do nosso jeito de ser. Para tanto, existe a disciplina.

A disciplina existe porque as coisas não são fáceis, embora possam ser simples. A disciplina oferece-nos condições para solucionar problemas que surgem todos os dias. Com pouca disciplina, resolveremos poucos problemas. Com total disciplina, resolveremos todos. E os problemas deixam de ser problemas quando os resolvemos de forma disciplinada. São recursos de aprendizado que permitem nosso pleno desenvolvimento, como seres humanos. Com eles, crescemos e fortalecemo-nos.

Para muitos, a palavra disciplina tem o significado de obediência cega às normas e regulamentos, como a vivida nos quartéis. Não é dessa disciplina que estamos tratando aqui. Normas e regulamentos são estímulos externos, forjados para garantir o controle de alguém sobre outras pessoas, e estas, por sua vez, ao aceitar as condições impostas, tornam-se subservientes. Bem aos moldes da *tática da foca*, portanto.

Disciplina, de acordo com o que se propõe aqui, é o oposto dessa concepção negativa. Significa que cada um de nós torna-se "discípulo" de si mesmo, dos propósitos comuns quando em um grupo, dos acordos feitos em consenso, quando em uma equipe ou empresa.

Disciplina implica prática persistente e perseverante. Uma definição de disciplina que aprecio é "adiar a satisfação". Nem sempre o mais agradável a fazer é o que a vontade manda, mas é o que precisa ser feito. Adiar a satisfação e o prazer efêmero para se manter firme no propósito e viver a vida na essência faz parte da disciplina. Adiar e repudiar os "peixes tóxicos" faz parte da disciplina. Porque eles oferecem uma "satisfação" ilusória. Ou uma culpa neurótica quando as expectativas do treinador que dá os peixes não são atendidas. Nas duas situações, uma infeliz perda de integridade.

Se exercícios físicos diários fazem bem para a saúde do corpo, a prática disciplinada das virtudes traz saúde para a mente e para a alma. Faz parte da educação do caráter. É bom lembrar que a palavra grega *charakter* significa "marcas resistentes"; portanto, o caráter tem o poder de combater os sabotadores das riquezas.

Se quisermos um mundo melhor e mais rico, precisamos de mentes e corações bem preparados.

Todos nós estamos diante de uma travessia, mas sabemos que existem trechos acidentados a vencer. Nem tudo é planície. Disciplina é a virtude imprescindível para fazer a travessia com convicção e firmeza, na certeza de que existirão percalços e acidentes na estrada, surpresas desagradáveis, irritações e aborrecimentos. Disciplina é a garantia de que nada impedirá a passagem do mundo reduzido da escassez para o mundo expandido da abundância.

Para cada uma das virtudes aqui apresentadas, veremos duas disciplinas que as sustentam. E não espere terminar a leitura do livro para praticá-las. Faça isso hoje! E sempre. São reflexões e práticas para todo santo dia. Sem exceção. A constância é a base. A vontade, a fonte de energia.

## Bem embaixo do seu nariz!

**Igor:** Já estou cansado de teorias! Você finalmente vai dizer o que precisa ser feito na prática?

Para que Igor possa visualizar, rabisco num papel o ciclo da *metarriqueza*.

**Roberto:** Sim, mas a decisão é sua. Gostaria que pensasse nas quatro dimensões e nas três virtudes geradoras de riqueza e experimentasse praticar as disciplinas apresentadas. Você não vai se arrepender e obterá ganhos concretos.

**Igor:** São dicas do que deve ou não deve ser feito? Já vi muitas delas; com o tempo a gente deixa de lado e esquece.

**Roberto:** Por isso não são dicas. São disciplinas. Você bem sabe que nada se conquista na vida sem disciplina. Vale para aprender a jogar tênis, xadrez, cantar, pintar ou qualquer coisa a que você se propõe, inclusive gerar riquezas.

**Igor:** Puxa! Sempre quis aprender a jogar xadrez. Sinto que essa vontade aflorou novamente. Mas você falava das virtudes e das disciplinas...

**Roberto:** Considere como um "guia para a mudança gradual de comportamento", se assim quiser. O mais importante é que você seja capaz de aprimorar a sua percepção na medida em que coloca em prática as disciplinas. E também possa enxergar a abundância onde ela sempre esteve. Bem embaixo do seu nariz!

Igor se descontrai e sorri como não faz há muito tempo.

# PARA A EXPANSÃO GRADUAL DE COMPETÊNCIAS

2

## 7  A VIRTUDE DA ATENÇÃO

### A atenção na atenção

Onde está a sua atenção?

Saiba que a resposta para essa pergunta é determinante para a criação de riquezas. Isso porque sua atenção está onde também estão seus pensamentos. E deles dependem as suas decisões. E delas, as suas ações. E os resultados são decorrentes dessas ações. Então podemos concluir que onde está a sua atenção, aí está a sua capacidade de produzir – ou não – a riqueza que você almeja.

Infelizmente, nem sempre a nossa atenção está onde devia. As miragens desviam-nos do verdadeiro foco. Assim, nossos pensamentos vagueiam e dispersamo-nos. Com isso, tomamos decisões equivocadas e optamos por ações com baixo poder de resultados.

Muitas vezes estamos mais no futuro – ou no passado – do que no presente. Na verdade, tudo o que existe é o aqui e o agora. Somente no presente somos capazes de produzir a riqueza que almejamos.

Então, melhor do que colocar a atenção num futuro ameaçador, que pode se transformar em infinita espera, é manter a atenção no presente e torná-lo intenso em todos os sentidos. Significa um viver atento.

Empenhar-se no trabalho para que seja realizado com alto nível de excelência. Preparar-se para receber um cliente como se recebe um convidado especial e querido, para uma festa em casa num sábado à noite. Dedicar-se a produzir um relatório como se criasse uma obra de arte. Relacionar-se com colegas e colaboradores com total atenção e interesse.

## A atenção na intenção

Nos negócios, a atenção precisa sair do bolso e ir para o coração. Pense no momento de suprema alegria ao ouvir do cliente que sua necessidade foi atendida ou que ele se sente gratificado porque a empresa lhe proporcionou um momento de intensa felicidade. Pense na satisfação de saber que sua equipe foi capaz de fazer a diferença na vida de alguém. Pense na alegria que sentiu ao contribuir para a resolução de um problema – enfrentado por sua equipe ou um colega – e com isso resgatar a estima de todos ao seu redor.

Sentimentos que o dinheiro não compra. Isso, sim, é gerar riquezas.

Se você concorda que a atenção é determinante para a geração de riqueza, então coloque a sua atenção onde ela deve estar. Defina o que é essencial no seu trabalho e na sua vida. E coloque a sua atenção aí. Depois, reconduza o seu estilo de liderar, a sua forma de negociar, o uso do seu tempo, o seu relacionamento com as pessoas e os seus projetos profissionais e pessoais para onde a sua atenção recomendar.

E colha os frutos! Acredite, serão sempre os melhores e mais saborosos, a cada nova safra.

## Paixão é imprescindível

**Lélla:** Peraí! Você não está querendo dizer que esse meu talento de fazer várias coisas ao mesmo tempo é uma coisa ruim, não é?

**Roberto:** Estou tentando dizer que quando você faz isso, não coloca paixão em nenhuma delas.

**Lélla:** Você sabe, né! – desligando o notebook. – O que conta mesmo é o resultado final. Viu como superamos todas as metas do mês que passou?

**Roberto:** Você está se referindo apenas às metas de vendas. Isso é uma parte do resultado. Você sabe como os clientes estão se sentindo? Será que estão mesmo satisfeitos? E a sua equipe? Você já fez a contagem dos mortos e feridos?

**Lélla:** Você parece que não gosta de resultados. – Lélla tamborila os dedos na mesa, provocativa, mas na verdade tentando defender-se.

**Roberto:** É que nem sempre examinamos os resultados de uma forma sistêmica. Nem sempre temos clareza dos estragos que são feitos à custa de resultados imediatos. Riqueza é mais que isso! É equipe feliz por fazer o cliente feliz. E ambos animados a repetir esse movimento. Você está atenta a isso?

**Lélla:** Por onde posso começar?

**Roberto:** Existem duas disciplinas que ajudarão muito a desenvolver a sua virtude da atenção. A primeira pretende mantê-la focada no que importa, no que efetivamente gera riquezas. A segunda pretende fazer com que dê o melhor de si, aumentando ainda mais a geração de riquezas. Coloque-as em prática e prepare-se para gerar riquezas ainda hoje!

### A DISCIPLINA DA CONCENTRAÇÃO

Lema: concentrar-se nos poucos vitais, evitar os muitos triviais.

O que realmente importa?

Essa pergunta remete a descobrir o que é vital, o que fortifica a vida, o que constrói e gera riquezas. Preencher o tempo com o que é vital faz parte da sabedoria humana, mas infelizmente gasta-se muito mais tempo com coisas triviais, que não levam a lugar nenhum nem geram riqueza alguma.

E não se trata de uma descoberta recente. O economista italiano Vilfredo Pareto, no final do século XIX, observou o surpreendente desequilíbrio entre causas e efeitos. A Lei de Pareto, como ficou conhecida, tornou-se uma verdade universal, ao destacar um pequeno número de eventos como responsável por uma porcentagem desproporcionalmente grande dos resultados. Daí ser conhecido também como Princípio do Desequilíbrio.

Em suma: a Lei de Pareto, também conhecida como Regra 80/20, afirma que 80% dos efeitos são explicados por apenas 20% das causas. Observe os números de sua empresa e constate essa tendência: geralmente 80% das vendas ou dos lucros advêm de 20% dos clientes. Ou 80% dos lucros são gerados por 20% dos produtos. Provavelmente, 80% das despesas representam 20% dos itens do orçamento.

Podemos concluir então, sem muita margem de erro, que cerca de 80% de nossas atividades não geram riquezas de nenhum tipo, ao contrário, podem produzir misérias. É difícil aceitar que cerca de 80% do que fazemos representa muito pouco ou quase nada em termos de resultados (cerca de 20%) e são ocupações triviais. As coisas triviais competem por nossa atenção e funcionam como fatores de distração face ao que realmente importa, ao que é vital, portanto. É aí que entra em cena a disciplina da concentração, que coloca a sua atenção nos poucos vitais.

Diante disso, podemos abrir mão de cerca de 80% do que está previsto em nossa abarrotada agenda. Acredite, por mais surpreendente que lhe pareça! Ao mesmo tempo, devemos nos livrar da velha crença de que o desempenho depende mais do tamanho do nosso esforço do que de colocar atenção no que realmente importa. Em outras palavras, de nada adianta esforçar-se para o que é trivial. Melhor investir tempo e energia equilibrados no que é vital.

Descobrir os poucos vitais e concentrar-se neles é uma das disciplinas geradoras de riqueza. E exige disciplina, pois os muitos triviais estarão sempre à espreita, tentando preencher as lacunas da sua agenda. Para evitar o risco de morder a isca tentadora dos muitos triviais, é preciso praticar a virtude da atenção.

### As listas fundamentais

Tempo é riqueza! E uma das formas de otimizá-lo é concentrar-se naqueles 20% das atividades que proporcionam 80% dos resultados. Antes de elaborar a lista do que deve ser feito,

é preciso elaborar a lista do que não tem de ser feito. Nela, que será denominada Lista do Desfazer, deverão constar as tarefas triviais. A pergunta que precisa ser feita a si mesmo é:
- O que eu estou fazendo que não precisa ser feito?

Trata-se de descartar, de deixar de fazer, de abolir, de abdicar. Livrar-se de ocupações inúteis que não constroem nenhum tipo de riqueza ou, pior, contribuem para a geração da antirriqueza. É preciso evitar as trivialidades, caso contrário não haverá tempo e espaço para o que é vital e produz riqueza. As virtudes que veremos nos próximos capítulos ajudarão a completar essa lista.

Muitas coisas, no entanto, precisam ser feitas. Não há como evitá-las. Mas, atenção: delegue mesmo as vitais caso não tenham relação com as suas competências, não necessitem de seus melhores talentos ou não desenvolvam suas potencialidades. Alguém irá fazê-las com mais vontade e aptidão.

Então, para elaborar a Lista do Não Fazer, a pergunta a ser feita é:
- O que eu estou fazendo que poderia ser feito por outra pessoa?

Alguém precisa ser preparado (entre os colaboradores, os colegas ou recém-contratados) para assumir tarefas que, embora importantes, no contexto, não são vitais para você. Passada a peneira, a partir dos critérios indicados, avalie as atividades que restaram. E pergunte:
- Essas atividades são geradoras de riqueza? Dessas atividades, quais me competem e que só eu posso fazer?

Essa é a Lista da Ação, daquilo que efetivamente produz resultados e riquezas e que não deve ser delegado. Essas ações dependem das suas aptidões, das suas competências, dos seus talentos. Finalmente você encontrou a parte que lhe compete. É aí que você deve concentrar os seus esforços.

Mas existe ainda uma outra lista, que talvez seja a mais importante de todas para a geração de riquezas. É a Lista da Superação, que remete ao novo, à renovação, à inovação. Você a descobre quando faz a seguinte pergunta:
- O que eu deveria fazer que não estou fazendo?

Essa pergunta remete a novas práticas, novos projetos, novos empreendimentos e também à descoberta das potencialidades pessoais e de novos talentos.

O nosso tempo será dedicado a conhecer, em profundidade, tudo o que ainda não estamos usando, mas está latente em nós. À espera de um pequeno estímulo para aflorar.

É aí que está a maior parte da riqueza oculta a ser descoberta e que somente cada um de nós é capaz de gerar.

A disciplina da concentração é extremamente poderosa para colocar a sua atenção onde ela deve estar. Então, não deixe para amanhã a elaboração dessas quatro listas. Elas são determinantes para focar a atenção no ponto certo: onde a riqueza está.

### As quatro listas fundamentais

**Lélla:** Finalmente algo prático. Ufa!

**Roberto:** Desenvolva a disciplina de dividir uma folha de papel em quatro campos. Assim:

| AS LISTAS FUNDAMENTAIS ||
|---|---|
| **TRIVIAL** | **VITAL** |
| Lista do Desfazer | Lista da Ação |
| Relacionar as tarefas que podem ser eliminadas | Relacionar as tarefas que sejam da sua competência |
| Lista do Não-Fazer | Lista da Superação |
| Relacionar as tarefas que podem ser delegadas ou transferidas | Relacionar as tarefas que você precisa passar a fazer |

**Lélla:** Oba! Isso será bastante útil! Vou fazer esse quadro no micro. O bom é que essas listas vão me manter atenta ao que interessa!

**Roberto:** Mas lembre-se: isso é uma disciplina. Pratique! E acrescente a essa uma outra disciplina: a da superação. Ambas fazem parte da virtude da atenção.

### A DISCIPLINA DA SUPERAÇÃO

Lema: superar o ontem!

A segunda disciplina parte da premissa de que "o melhor ainda está por vir". E ele virá, desde que o comportamento mude agora, no presente. E não se trata de um otimismo barato, mas de reconhecer o potencial da natureza humana e ela, em si, como realmente é. O ser humano foi feito para prosperar. Mas, prosperar em relação a que?

A disciplina da superação considera a evolução, o avanço, como uma capacidade humana. É a disciplina que trata da excelência. No entanto, é preciso buscar a referência certa para medir esse progresso. A disciplina da superação parte da quarta lista fundamental da disciplina anterior: a Lista da Superação.

A Lista da Superação indica que cada um de nós tem que se superar dia a dia, fazendo hoje melhor do que fez ontem, e amanhã, melhor do que fez hoje. Atenção: não compare a sua superação com a de concorrentes ou outras referências. O importante é o que fazemos para superar-nos e o quanto isso contribui para a geração de riquezas.

Essa superação é o trabalho no nível da excelência. Mas não confunda excelência com perfeição. Buscar a perfeição pode ser um problema em vez de uma solução. Excelência é estar inteiro, de corpo, mente e alma diante do que precisa ser feito. Implica, antes de tudo, paixão. E paixão deriva das outras dimensões da riqueza. Se os propósitos são apenas cifras a atingir, os esforços – no máximo – vão até aí, nada mais. O trabalho, frio e repetitivo, reduz-se ao mínimo denominador comum.

Excelência é sempre exceder, ir além. Oferecer aquele algo mais que faz toda a diferença. Existe uma crença muito comum de que só somos capazes de trabalhar com excelência quando gostamos daquilo que fazemos. A disciplina da superação mostra-nos que é preciso aprender a gostar daquilo que tem de ser feito. Aprender a gostar e a surpreender. E surpreender-se com esse aprendizado.

As pessoas só dispõem-se a dar o mínimo porque estão condicionadas aos estímulos externos, não foram tocadas internamente. Os números, impessoais e cravados, são incapazes de mexer no seu íntimo, animar sua alma e despertar o seu desejo de contribuir. É preciso justamente trabalhar com algo mais, para acrescentar estímulos reais e interessantes. Esse algo mais está relacionado ao que é vital. Não se trata de usar uma cenoura como chamariz para que as pessoas movimentem-se, como fazem os carroceiros com os burricos. A técnica da cenoura conseguirá, no máximo, o mínimo. É preciso um propósito maior para que as pessoas não meçam esforços para oferecer o melhor de si.

O redutivismo, típico do desesperançado, tem origem nas necessidades de sustento e sobrevivência. Ele praticamente nos obriga a economizar, como têm de fazer, por exemplo, os animais que hibernam para fazer render a energia armazenada, pois não encontrarão alimento nos rigores do inverno. Esse instinto de sobrevivência aciona a nossa avareza. Faz aflorar o nosso egoísmo e, senão o desprezo, a desconsideração pelos outros. Nossa triste recompensa será a baixa autoestima e as miragens daí decorrentes. Passamos a olhar a vida com as lentes embaçadas da escassez. Vemos apenas um mundo feito de crises e recessões, que se acentua ainda mais com a *tática da foca*.

Superar o ontem! Eis a tônica da disciplina da superação. Significa seguir em frente, com avanços de qualidade a cada dia.

Olhar para trás e se orgulhar das pegadas. Olhar para a frente e prosseguir, confiante na capacidade de superar o que fez e foi ontem. Sabemos que não temos todas as competências para resolver todos os problemas, mas, em nove de dez vezes, podemos oferecer muito mais do que apenas cumprir o mínimo, em todos os planos, projetos, tarefas e circunstâncias.

"Qual é o melhor que eu posso fazer?"

"Qual é o meu máximo?"

Estas são as perguntas que devemos ter em mente todos os dias, para enfrentar os desafios que se apresentam. Essas perguntas colocam a atenção onde ela deve estar: em você! Nada de se comparar com o colega do lado, nem com o outro departamento, nem com o concorrente. Devemos superar-nos a cada dia, pois só assim conseguiremos um progresso consistente, construído e consolidado a partir de nossos próprios alicerces.

Sempre que você avaliar que não se empenhou suficientemente em determinado projeto, pergunte-se como e quanto poderá fazer no próximo. Lance e encare esse desafio pessoal.

Superar o ontem é retornar para casa, todos os dias, com a estatura mais elevada: nas capacidades, na autoestima e autoconfiança, com sentimento de orgulho. É dar um passo a mais a partir do ponto em que estava. Continuamente.

### A excelência em um minuto

Quando perguntaram ao chefe da IBM, o lendário Thomas Watson, "Quanto tempo leva para alguém se tornar excelente?", sua resposta foi imediata: "Um minuto". Por que, então, segundo Watson, basta apenas um minuto para que alguém se torne excelente? Porque é uma questão de atenção, de estar presente, em atitude integral de entrega de corpo, mente e alma.

Com certeza, Thomas Watson não estava falando de qualidade. Esta, sabemos muito bem, demanda um lapso de tempo muito grande para ser implantada. Depende de uma série rígida e predeterminada de normas e procedimentos. Tem de ser atestada e certificada.

Então é mais fácil praticar a excelência do que a qualidade? Afinal, qual a diferença entre excelência e qualidade? Das duas, qual é a mais importante?

Sim, excelência é diferente de qualidade. Qualidade é produzida e atestada a partir de um complexo aparato, com itens precisos, descrições, supervisões e auditagem. Estímulos externos, portanto. É sempre linear e analítica. Racional e lógica. Busca a produtividade e a eficiência, mas de acordo com um quadro mensurável em toda a extensão do processo. Tudo previsto, e em linha, para garantir que as coisas sejam feitas dentro de determinado e rígido padrão, quase sempre não compreendido por aqueles que são responsáveis pela produção.

Excelência é outra coisa. Excelência é sistêmica, transformadora, criativa e emocional. Está relacionada com serviço, mas não necessariamente com prestação de serviço, uma expressão que por força da prática mecânica perdeu o vigor, a vivacidade. Ficou muito parecida com as mercadorias. Tornou-se inerte. Tem mais a ver com a transação comercial e, por isso, é bem distinta da excelência.

Excelência está relacionada com uma experiência de serviço, a partir de um entendimento mais criativo e poético desta palavra. No estrito sentido, ela deriva do latim *servitium* e refere-se à condição de escravo, à obrigação de obediência. Desdobrada, porém, ganha vida nova e amplitude. Assim, *ser viço* significa ser, existir com vigor, exuberância, ardor, paixão, como um presente especial, mimo, agrado, delicadeza. Estímulos internos, portanto. Uma experiência de serviço é um evento memorável, sensorial, que transmite zelo e cuidado, atenção e carinho. Excelência diz respeito à ação positiva e abrangente, a criar um relacionamento expressivo, a trabalhar com o cliente, a conviver com ele, mas não de qualquer jeito ou de maneira automática e sim com primor e cuidado. Algo, enfim, agradável e marcante para ambos.

Está aí a maior diferença entre qualidade e excelência: enquanto a primeira tenta satisfazer as necessidades esperadas (e até mesmo imprescindíveis) dos clientes (e, por isso, qualidade é fundamental), a segunda satisfaz as necessidades inesperadas (o que faz a excelência ser essencial). Aquela mexe com a razão do cliente; essa com o coração.

A qualidade pretende cumprir o básico ou o mínimo – não desagradar; a excelência almeja a fidelização. A própria mensuração evidencia a grande diferença: qualidade é expressa em gráficos e barras; excelência, em paixão e conexão. E aqui está o fato relevante: a grande maioria das pessoas consome e compra com a mente e o coração. Ainda que as pessoas busquem uma razão lógica, a decisão é sempre emocional.

Madre Tereza dizia que o importante não é fazer grandes coisas, mas pequenas coisas com grande amor. Está aí a essência da excelência. Ela mesma ensinava, quando lhe perguntavam como fazia para dar conta de tantos doentes e necessitados: "Um por vez".

Portanto, Watson estava certo. Oferecer carinho, atenção e cuidado, pela intensidade do gesto, só leva um minuto!

### Excelência na prática

**Lélla:** Gostei muito de elaborar as minhas quatro listas fundamentais. Consegui enxergar muitas coisas que roubam o meu tempo. Veja – enquanto mostra na tela do computador –, essa é a minha Lista da Ação – mudando a página –, e esta é a Lista da Superação.

**Roberto:** Muito bom! Note que muitas dessas tarefas se repetem, não é?

**Lélla:** Ah, sim! Algumas eu faço todos os dias, outras semanalmente ou mensalmente.

**Roberto:** Pense em relacioná-las com as quatro dimensões da riqueza. Algo assim:

### AGENDA DA EXCELÊNCIA

|  | Lista do Desfazer | Lista do Não-Fazer | Lista da Ação | Lista da Superação |
|---|---|---|---|---|
| **Dimensão econômica** | | | | |
| **Dimensão filosófica** | | | | |
| **Dimensão potencial** | | | | |
| **Dimensão causal** | | | | |

**Roberto:** Agora você conseguirá uma visão mais ampla do seu trabalho e inspiração para ir além e alcançar o nível da excelência.

Lélla parece gostar da proposta.

**Lélla:** A ideia é lançar um desafio para mim mesma, é isso?

**Roberto:** Mais que isso! A ideia é mantê-la atenta ao que precisa ser feito e evitar que você ligue o "piloto automático", causador de tantos erros e problemas.

**Lélla:** As duas disciplinas, da concentração e da superação, parecem andar de mãos dadas.

**Roberto:** Sim, ambas fazem parte da mesma virtude, a virtude da atenção. Portanto, pratique!

## 8  A VIRTUDE DA INTEGRIDADE

### Nem todos os peixes são tóxicos

Hoje ele é um generoso empresário que sabe muito bem gerar e compartilhar riquezas. Talvez tivesse se transformado em uma outra pessoa e seguido outro caminho, não fosse aquela experiência que viveu com o seu pai, ainda na infância.

Nas férias e sempre que podiam, pai e filho adoravam pescar num lago próximo à casa de veraneio. Naquele dia saíram no fim da tarde para pegar peixes que já estavam liberados para pesca. A temporada de pesca só começaria no dia seguinte.

Os dois divertiam-se com o ritual de armar as iscas, arremessar as varas e ouvir o barulho da água naquele ambiente silencioso e bucólico. O sol se pôs dando lugar a um belo luar. Foi nesse momento que o garoto sentiu algo enorme forçando a sua vara de pesca. Com a habilidade que havia aprendido com o pai, retirou um peixe de bom tamanho da água.

Eufórico, o garoto jamais havia pescado peixe de tal envergadura. Mas era um peixe fora de temporada, portanto, de pesca proibida. Pai e filho admiraram o tamanho e a beleza do peixe. Por curiosidade, o pai examinou o relógio. Faltavam apenas duas horas para a abertura da temporada de pesca. Olhou para o peixe e depois para o filho e disse:

– Devolva o peixe à água, meu filho!

– Mas, papai... – hesitou o garoto, contrariado.

– Pescaremos outros – insistiu o pai.

– Não igual a esse – resmungou.

O garoto olhou ao redor. Não havia o menor vestígio de outros pescadores ou barcos por ali. Olhou para o pai na tentativa de negociar. O olhar firme do pai declarava que, mesmo sem ninguém por perto, essa decisão era inegociável. Com cuidado e pesar, desprendeu a boca do peixe do anzol e devolveu-o à água. Rapidamente o peixe desapareceu nas profundezas do lago. O garoto sabia que dificilmente veria um peixe tão exuberante como aquele.

Hoje, como um empresário bem-sucedido, reconhece que esse dia foi determinante na sua trajetória de vida. Passados mais de trinta anos, a casa de veraneio continua lá e ele costuma levar seus filhos para pescar. De certa forma, ele acertou. Nunca mais conseguiu pescar um peixe semelhante ao que seu pai exigiu que devolvesse à natureza. Porém, embora não o tenha mantido no anzol, aquele peixe sensacional continua vivo na sua memória. E emerge de suas profundezas interiores principalmente quando ele, o homem, defronta-se com um dilema ético. Aprendeu com o seu pai que integridade é alinhar os gestos aos valores. E embora isso possa ser feito com mais facilidade na frente dos outros, o verdadeiro desafio está em ser íntegro mesmo que não haja ninguém olhando. Viver a integridade é ser você o tempo todo, principalmente quando apenas a sua consciência está por perto.

Quem é você, lembra-se? Isso foi lá no capítulo 4. Então vamos além: quem é você quando ninguém está olhando?

Quando vivemos desalinhados, produzimos uma criatura, alguém que representamos, mas que não é a nossa essência, não é o eu criador. Daí passamos a fazer comparações internas, entre o que o criador faria e o que a criatura fez, de fato. Isso coloca a nossa atenção na falta, no *déficit*, na escassez. Se deixássemos de comparar, poderíamos nos fixar no criador e no que ele é capaz de fazer.

O criador enxerga a realidade tal qual ela é, mas a criatura vive das miragens. A criatura é carente! Necessita de poder, de dinheiro, de prazer, de prestígio e do reforço de que está certa. Necessita continuar vencendo para manter os outros em um nível mais baixo. Mas nada é de graça! Ao final, todas as suas vitórias são acompanhadas de ressentimento, culpa, medo e dúvida. Mesmo que tenha tudo o que dinheiro pode comprar, haverá uma ausência de paz.

A causa dessa angústia é a realidade distorcida na qual a criatura vive. A impossibilidade de saber o que é real. Pior que isso: agarrar-se e apegar-se ao irreal. Identificar-se com um eu imaginário. A vida transforma-se em um faz de conta contínuo que pode ser aterrador. "Seria feliz se... Serei feliz quando... Sou feliz na medida em que..." Fórmulas do ego, receitas infalíveis de desventura.

Há, porém, outra maneira de viver. Acredite. Acontece quando nos vemos exatamente do jeito que somos e gostamos do que vemos. Essa vivência gera a paz interior que se reflete em todas as nossas atitudes. Mas isso só é possível quando alinhamos nossos comportamentos aos nossos pensamentos e sentimentos, e estes aos valores. Quando vivemos a virtude da integridade.

Ter integridade significa ser de maneira completa, integral, indivisível. Uma pessoa íntegra é aquela que uniu as diferentes partes de sua personalidade, de modo que não existe mais uma cisão em sua alma.

Para quem mantém a integridade, a vida pode não ser fácil, mas é simples. A pessoa define o que é certo e age de acordo com isso. Mesmo que não tenha ninguém por perto! O criador presta contas à consciência, apenas. E o Criador agradece!

### As disciplinas que integram

**Igor:** Tô achando que isso está ficando muito complexo.

**Roberto:** Tudo é questão de disciplina.

**Igor:** E de virtude...

**Roberto:** A virtude está em você, esta é a boa notícia. Você precisa despertá-la por meio das disciplinas. Para despertar a virtude da integridade, você terá duas disciplinas para ajudá-lo.

**Igor:** Duas disciplinas?

**Roberto:** Sim. A da coerência pretende alinhar os seus comportamentos com os seus valores. É ser o que você é na maior parte do tempo.

**Igor:** Fácil, né? – Com um tom de ironia.

**Roberto:** A da consistência centra o foco no comportamento, mais precisamente na maneira como você se comunica e se relaciona.

**Igor:** Isso é importante! Impressionante como as pessoas não me entendem!

**Roberto:** Pois então, fique ligado! Muito das riquezas que construímos ou destruímos advém da forma como lidamos com esses dois temas.

**Igor:** É, parece que está chegando a hora da onça beber água!

### A DISCIPLINA DA COERÊNCIA

Lema: por hoje, basta!

### A Lei de Gresham

Quando desalinhamos as ações dos valores, produzimos antirriqueza. Tanto na vida pessoal como na empresa. É quando permitimos a entrada da moeda ruim e deixamos que ela tome o espaço da moeda boa, burlando, dessa forma, uma das leis mais antigas da economia: a Lei de Gresham.

Sir Thomas Gresham foi comerciante e agente da rainha Elizabeth I, nos Países Baixos. Ele fundou a Bolsa de Valores de Londres, em 1571. A Lei de Gresham derivou de seu célebre aforismo "moeda ruim expulsa a moeda boa".

A Lei de Gresham tem relação direta com a disciplina da coerência. Ela nos alerta sobre o fato de que onde entra dinheiro ruim, advindo de ganhos escusos ou questionáveis, imorais ou ilegais, não há espaço para entrar o dinheiro bom, gerado por bons produtos e serviços, úteis a quem usa e motivo de orgulho para quem faz.

É considerada moeda ruim aquela que compra o trabalho barato a ponto de causar danos físicos e morais aos trabalhadores. Aquela resultante de propaganda enganosa ou da venda de produtos nocivos à saúde dos consumidores. A que financia políticos corruptos e que desvia o dinheiro público. A que polui o ambiente e destrói a vida.

A Lei de Gresham lança o desafio de buscar sempre o dinheiro bom. Para isso, é preciso conectar o trabalho com significado à demanda que não é apenas e unicamente satisfação de necessidades básicas. A demanda vai muito além do mero consumo de produtos e serviços que geram satisfação temporária, não duradoura. É, antes de tudo, uma demanda de atenção, de cuidado, de serviço, de relacionamento.

## Basta de uma vez por todas!

Todos precisamos procurar propósitos e estruturar nossas vidas de acordo com valores virtuosos. Temos a necessidade de assumir compromissos. Não podemos nos sentir realizados sem este tipo de ordem ou de estrutura em nossa vida. Faz parte da nossa natureza. Somos mais livres e mais humanos quando vivemos fiel e coerentemente de acordo com os valores mais elevados que reconhecemos e com as aspirações mais nobres que assumimos. Esta é a melhor estratégia para a construção de riquezas.

Precisamos comprometer-nos com os nossos propósitos e valores para não sermos vítimas da *tática da foca* e temos de alinhar os nossos pensamentos, sentimentos e comportamentos com esse compromisso. Sem esta coerência, nossas percepções não passam de miragens, com todos os efeitos nocivos que elas provocam. A incoerência é um sinal de que devemos voltar ao nosso centro. E aí permanecer.

Construir riquezas significa agir de acordo com a nossa consciência. Obedecer à consciência é viver os valores virtuosos, entre os quais se alinha a integridade. É assim que seremos capazes de contribuir para uma riqueza maior dentro e fora de nós mesmos.

Quando não temos um propósito maior que efetivamente represente contribuição para o mundo, limitamo-nos a projetos mesquinhos destinados a massagear o nosso ego. A massagem ao ego também é um estímulo típico da *tática da foca*. Ela suscita uma falsa sensação de conforto, mas não leva ao crescimento. Ela nos seduz e quando nos damos conta estamos ainda mais distantes do que manda a nossa consciência. Pior: às vezes sequer chegamos a perceber isso, deprimidos ou mergulhados numa incrível insatisfação que não sabemos de onde vem.

A disciplina da coerência é o exercício de integrar todos os nossos sistemas de vida: o físico e corporal, o intuitivo e intelectual, o sentimental e emocional etc. O alinhamento entre o que somos e o que fazemos forma o fluxo através do qual a verdadeira riqueza flui. Para isso, a principal palavra a ser usada diariamente é BASTA!

Basta! Eu não estou à venda!

Basta! Meu comprometimento e a minha criatividade não têm preço!

Basta! Eu não aceito essas condições!

Basta! Eu não sou coisa!

Basta! Eu não sou máquina!

Basta! Eu sou gente!

Quando assumimos esse compromisso íntimo, abrimos espaço para que o nosso potencial e os nossos talentos aflorem. Os ruídos externos aquietam-se e aí somos capazes de ouvir uma voz sutil, discreta, porém potente, que nos ajuda a caminhar de acordo com a nossa consciência e não de acordo com as normas sociais.

Quando a consciência é a nossa guia, nós nos tornamos empáticos e compassivos, percebemos de maneira aguçada a realidade e as necessidades dos outros. Somos capazes, também, de enxergar o potencial e os talentos das outras pessoas. E isto faz parte da mágica da abundância e da construção de riquezas.

### Só por hoje...

**Igor:** Basta! É simples assim?

**Roberto:** É simples assim, mas não é nada fácil.

**Igor:** Parece que basta virou abracadabra! Uma palavra mágica!

**Roberto** (rindo)**:** Basta significa uma declaração de compromisso para com você mesmo. Mais do que uma intenção, uma promessa. Olhe a folha que preparei. Na segunda coluna você faz uma reflexão sobre as questões e na terceira coluna você faz as suas declarações de "bastas", ou seja, tudo o que você precisa deixar de fazer ou passar a fazer para viver a sua integridade. Vamos chamar essa folha de "Campanha do Basta!".

### CAMPANHA DO BASTA

| QUESTÕES | REFLEXÕES | BASTAS! |
|---|---|---|
| Você é a mesma pessoa em todas as situações? | | |
| Você emprega seu tempo da forma apropriada? | | |
| Você emprega seu dinheiro da forma apropriada? | | |
| Você se empenha o suficiente nas coisas mais importantes? | | |
| Você vive coerentemente com os seus propósitos? | | |

**Igor:** Mas não acho que tudo vai se resolver apenas dizendo basta!

**Roberto:** E você tem razão! O importante é viver no estado de alerta. Assim, quando a "moeda ruim" se aproxima, você decide com apoio da sua consciência.

**Igor:** Ainda assim, acho muito radical. Não gosto desse "nunca mais" que existe por trás do basta!

**Roberto:** Então faça como os alcoólicos anônimos que decidem não beber por hoje, amanhã eles não sabem. Basta por hoje! Amanhã não sei! Faz mais sentido?

**Igor:** Agora achei mais sensato.

### A DISCIPLINA DA CONSISTÊNCIA

Lema: sim-sim-não-não.

Em casa, a esposa reclama, frustrada:

– Há vinte anos, quando nos casamos, você disse que me amava e depois nunca mais falou sobre isso.

Ao que o marido responde, lacônico:

– Falei naquela época... e quando mudar de ideia eu aviso.

Não é diferente nas empresas. Existem líderes que têm apenas dois momentos de diálogo com o funcionário: quando o admite e quando o demite. Muitas vezes, é na entrevista de desligamento que se descobrem as razões de frustração no relacionamento e de quanto poderia ter sido feito para reverter a situação. Nós mesmos empobrecemos nossos relacionamentos, subtraindo seu potencial de gerar riquezas. É assim entre o líder e o colaborador, entre sócios, entre o profissional liberal e o seu cliente. Melhorar a consistência dos nossos relacionamentos é, no entanto, imprescindível para a conquista da *metarriqueza*.

Entenda por relação consistente aquela aberta para o diálogo e com espaços justos para que a comunicação flua nos dois sentidos. E saber dizer não quando é preciso dizer não. E dizer sim quando é preciso dizer sim. É ser assertivo, positivo, verdadeiro.

### Para que isso tudo?

Para conquistar a confiança. No frigir dos ovos, a riqueza perdida é a confiança perdida. É preciso reencontrá-la. Sem confiança, não existe família, não existe equipe, não existe empresa, não existe *metarriqueza*.

A confiança é o amálgama dos relacionamentos. Precisamos confiar em nós mesmos e nos outros. É necessário, também, acreditar que todos nós temos o potencial, a capacidade e a tendência para evoluir e caminhar rumo à nossa integridade. O centro mais íntimo da natureza humana, as camadas mais profundas da personalidade de cada um, tudo isso é natural e fundamentalmente positivo.

Para confiar no outro é preciso, antes de tudo, compreendê-lo. A compreensão precede a confiança. Mas o pré-requisito para a compreensão é a aceitação.

E como aceitar o outro? Para verdadeiramente enxergar os outros como eles realmente são, temos de suspender os julgamentos, que são preconceitos (no sentido literal da palavra, ou seja, conceitos prévios). Só quando nos livramos desses preconceitos podemos ver quem está à nossa frente em toda a sua plenitude, livre de filtros criados por nossas fantasias. É essa a base da confiança. Julgamentos e preconceitos bloqueiam qualquer iniciativa de estabelecer relações duradouras e nutritivas.

No entanto, se aceitamos uma pessoa como uma criatura definida, já diagnosticada e classificada, já cristalizada por seu passado e antecedentes, então deixamos de acreditar nela como um devir, como um processo em contínuo movimento, ou seja, capaz de crescimento e transformação. Vista dessa forma estática e condenada à imutabilidade, uma pessoa não passa de um produto acabado, portanto, inerte, um objeto. E enquanto olharmos uma pessoa como um objeto, ela se comportará apenas como uma criatura. Quanto mais tratamos uma pessoa como sujeito, não objeto, tanto mais se expressará como criador e não como criatura. Alguém capaz de autonomia e responsabilidade.

Quanto mais agimos de maneira condicional, mais limitamos o outro a mostrar-se para nós em todos os aspectos que não somos capazes de aceitar completamente. Se, mais tarde – às vezes tarde demais – chegarmos à plena aceitação da pessoa como ela realmente é, perceberemos que o que rejeitávamos nela era por medo, por identificar ali – erroneamente – uma ameaça. Por isso, o nosso maior desafio é não julgar o outro, nem externa, nem interiormente. Esta ressalva é importante, porque de nada adiantará reforçar o discurso do não-julgamento, se na prática ele existe e é poderoso, dentro de nós.

Por outro lado, quanto mais uma pessoa é aceita e acolhida, maior a sua tendência para abandonar as falsas defesas de que se utiliza para enfrentar uma vida que julga hostil e perigosa. Muita gente se transforma, quando passa a ser ouvida. Quando o ouvinte não concorda nem discorda, apenas ouve. Ou quando ambos passam a ver o mundo sob o mesmo ângulo e, portanto, existe compreensão. E quando cada um torna-se capaz de ouvir a si mesmo e de descobrir em si algum valor.

Aceitação e respeito, compreensão e apreço, confiança e valorização: esses são os sentimentos e valores que devemos adotar para acolher o outro incondicionalmente. Isso implica aceitar as suas atitudes independentemente do quanto possam ser contraditórias ou negativas. E aceitar não significa muito, enquanto não houver compreensão ou desejo de compreender.

É aí que reside e floresce a magia da riqueza: diante de um ambiente de aceitação e de compreensão, o outro também sente-se estimulado a ser mais íntegro, a ser mais o que é, livre do papel que desempenha, expressando mais seus sentimentos e vivendo plenamente seus valores. Também será mais compreensivo e mais acolhedor com relação aos outros.

Isso tudo é um desafio diário que exige disciplina. Mas é assim que se conquista a *metarriqueza*.

### A casa de quatro cômodos

Uma metáfora vai nos ajudar a compreender a dinâmica dos relacionamentos e o exercício da disciplina da consistência.

Talvez você não tenha se dado conta, mas vive em uma casa de quatro cômodos. Um deles é onde você fica com seus botões. É onde você pensa no futuro, planeja o que fará no dia seguinte, na próxima semana ou mês, imagina uma vida mais feliz, ajusta e corrige rumos. O que você mais faz nesse seu cômodo particular é pensar nos problemas e em como resolvê-los. Fica ali, em absoluta solidão, sem jamais convidar alguém a partilhar esse espaço, que permanece exclusivamente seu. Você, seus planos, suas ideias, seus problemas, suas angústias, também seus sonhos e desejos.

Existe um segundo cômodo na casa, onde habitam outras pessoas, cada um com seus problemas e necessidades, mas este você jamais frequenta. É uma parte da morada que você ignora completamente, sem ter a menor ideia do que acontece com os que vivem ali. É onde reside o *ponto cego*.

O termo *ponto cego* é comumente utilizado para descrever o momento exato em que o motorista de automóvel não consegue ver o veículo que tenta ultrapassá-lo, pela direita ou pela esquerda. Embora ali esteja, o outro não é captado por nenhum dos espelhos retrovisores. É como se não existisse, portanto. E, por isso mesmo, esse instante é de grande perigo.

A metáfora pretende ilustrar o problema de comunicação e de relacionamento que existe entre pessoas, nas famílias e nas empresas. Tomemos a figura de um líder: quanto ele sabe a respeito dos próprios pontos fortes e fracos? Qual é o grau de conhecimento que possui sobre a sua postura diante da equipe e a repercussão das suas decisões e ações? Será que ele conhece em profundidade as práticas que agradam ou desagradam seus liderados? É claro que ele possui uma autoimagem da sua liderança. Mas essa autoimagem é, quase sempre, parcial ou equivocada.

Existe um *ponto cego*, ou seja, percepções e informações que outras pessoas possuem, mas que elas preferem não declarar. Talvez por medo de desagradar ou por vontade de agradar. Então, ficam guardadas. Existem, permanecem vivas na mente das pessoas, mas são um completo mistério para quem é objeto dessas análises e nem sequer desconfia de sua existência. Sem essas informações, o campo de ação da criatura é limitado. Pouco pode ser feito para melhorar a qualidade do relacionamento. Afinal, ninguém reconhece aquilo que desconhece. Só podemos agir sobre o que conhecemos. Precisamos dos outros não só para saber detalhes a seu respeito, mas para ampliar nossa autopercepção e nosso autoconhecimento.

Refiro-me ao líder por ser uma figura determinante do sucesso ou fracasso de um empreendimento, mas isso vale para qualquer pessoa em uma organização ou ambiente social. Em proporção maior ou menor, lá está o *ponto cego*, ocultando pensamentos, omitindo sentimentos, reservando opiniões, apagando ideias e dissipando informações de todos os tipos. Com isso, as empresas vivem meias verdades ou meias mentiras, jamais uma verdade plena. E onde não há verdade, não há vida e onde não há vida, as riquezas não afloram. Isso explica, em parte, porque existem tantas empresas e tantas famílias empobrecidas e sem vida.

O *ponto cego* é maior na medida em que o dono da casa pouco ouve ou pouco acata as opiniões dos outros moradores. É ele que define as regras da moradia. Afinal, comportamento gera comportamento. Se o dono da casa possui um grande ponto cego, é possível que essa postura se estenda a todos os demais moradores, igualmente fechados e desatentos a pensamentos, sentimentos, opiniões e ideias alheias.

É claro que essas pessoas que habitam o segundo cômodo têm muitas informações importantes e úteis para o dono da casa. Mas como ele não as visita e também não permite que elas entrem no seu espaço, não há como abrir canais de compartilhamento. Ele também tem muito o que dizer a elas. Mas tudo isso fica guardado numa agenda oculta, aquela que não é compartilhada.

Está aí a maldição do *ponto cego*! Ela se caracteriza por um ambiente de trabalho com pouca energia, baixo nível de aprendizado e comprometimento, relações evasivas ou apenas utilitárias, reduzida transparência e aproveitamento ínfimo dos talentos. É no ponto cego que a fofoca se alastra, difundindo uma realidade deformada. Uma verdadeira e danosa fábrica de produzir mazelas!

Nossos preconceitos e pressupostos trancam-nos do lado de fora desse segundo cômodo e fazem do nosso quarto particular um cativeiro para elucubrações imaginárias.

Existem, ainda, outros dois cômodos a reconhecer. Um deles está vazio. Ninguém entra ali. Nem mesmo você. Aquela é uma região semelhante ao alto-mar, onde não há nenhuma pista que favoreça a navegação. Lá se escondem mistérios, pistas importantes para um maior conhecimento de si mesmo e do outro.

O quarto cômodo é a sala de estar. Nele, você permite a entrada dos outros e convive com eles. A conversa rola solta. Existe confiança mútua. Vocês trocam impressões, falam dos seus propósitos e dos seus valores com maior ou menor grau de aprofundamento. É nesse cômodo que os melhores relacionamentos acontecem. É na sala de estar que afloram as riquezas existentes nos relacionamentos.

### Como tornar os relacionamentos mais ricos

Até aqui, penso que as quatro situações foram reconhecidas. Mostram que cada um de nós tem o seu mundo particular, onde guarda somente para si pensamentos e sentimentos. E também mostram que desconhecemos os pensamentos e os sentimentos de pessoas que participam da nossa vida. A metáfora da casa, no entanto, vai mais além. É preciso saber, ainda, que o tamanho dos cômodos não é fixo. E é nessa variação de leiaute que se aumenta ou diminui a riqueza nos relacionamentos.

Quando o maior cômodo da casa é a sala de estar, o ambiente em que todos se encontram, aumentam as possibilidades de compartilhar riquezas e conquistar a *metarriqueza* em conjunto. As ideias somam-se, assim como os sonhos e as competências. Infelizmente, para muitas pessoas, ocorre justamente o contrário: esse é o menor espaço – quase um *hall* de entrada, uma área mínima de distribuição, nada mais. Assim, os outros cômodos tomam quase todo o espaço, embora representem modelos de comunicação e relacionamento defeituosos. Impossível, nessas condições, produzir riquezas superiores.

A falta de informação sobre o outro, seus anseios e expectativas, seja ele um membro da família, um funcionário, um colega, um cliente ou fornecedor, empobrece o relacionamento. Substituímos essas informações por preconceitos e produzimos as nossas miragens. E agimos em função delas. Esta é a razão pela qual há tanto descompasso e insatisfação nos relacionamentos.

### A prática da disciplina da consistência

Para ampliar o espaço da vital sala de estar, temos de aprender a praticar a disciplina da consistência. Ela implica construir relacionamentos sem conceitos preestabelecidos. Em vez de perguntar-se "Como ele pode pensar isto?!", indague: "Gostaria de saber quais informações ele tem que eu não possuo". É preciso substituir o tradicional julgamento "Como ele pode ser tão míope?" pela questão altamente instigante: "Como será que ele enxerga o mundo de forma que o ponto de vista dele faça sentido?".

A disciplina da consistência, no entanto, é muito mais do que conhecer e reconhecer os pontos fortes e fracos e de evoluir para a excelência, na comunicação. É um bom instrumento para a defesa direta dos nossos valores, sem invadir ou desqualificar a esfera individual alheia.

Parte da seguinte filosofia: "Isto é o que eu penso. Isto é o que eu sinto. Isto é como eu vejo as coisas. Isto é o que eu considero que se deve fazer, embora tenha abertura e interesse para entender a sua posição".

A disciplina da consistência oferece uma decisiva contribuição para a prática da disciplina da concentração, quando precisamos incluir na nossa agenda aquilo que é vital.

Muitos de nós têm dificuldades para dizer não. Assim, sobrecarregamos a lista de compromissos diários com ocupações que poderíamos eliminar ou delegar. Somente um valor virtuoso é capaz de encorajar-nos a dizer sim a nós mesmos, assumindo ao mesmo tempo o não para o que é desimportante.

### Omissão

Ao volante, eu já não conseguia mais prestar atenção ao que dizia a pessoa a meu lado, no banco do passageiro. Meus olhos estavam fixos no braço que pendia para fora da janela, ali no carro da frente. O motorista amassava vigorosamente uma embalagem de salgadinhos. Pensei comigo: "Será que esse cidadão vai mesmo jogar esse lixo na rua, assim sem mais nem menos?".

Sempre me incomodou a sujeira da cidade de São Paulo. Acho abominável o costume de jogar lixo nas ruas. Por isso não tirava os olhos da cena à minha frente.

Não tardou para que a deseducação se mostrasse em toda a sua extensão. O homem aproveitou o sinal verde para livrar-se do pacotinho vazio, lançado no asfalto. Não me contive. Emparelhei meu carro ao dele e, abrindo a janela, falei:

– O senhor está contribuindo para piorar a sujeira das ruas. A cidade é nossa. Precisamos colaborar para que fique limpa!

Bastante surpreso e muito constrangido, o homem balbuciou uma desculpa e seguiu em frente.

Fiquei satisfeito com minha atitude, por não ter me omitido. Mas o resultado nem sempre é positivo.

Outro dia, subindo a avenida da Consolação, observei outra cena semelhante. Dessa vez, um garoto sentado no banco de trás do veículo jogou pela janela uma lata de refrigerante. Sem nenhuma cerimônia. Novamente tive o trabalho de emparelhar o carro, para falar com o garoto:

– Meu jovem, você está fazendo a nossa cidade ficar ainda mais suja.

E ele me respondeu, desaforado:

– Cuide da sua vida e deixe que eu cuido da minha!

Logo vi que não havia a menor chance de um diálogo civilizado. Deixei passar. "Poxa, você podia ter ficado sem essa", ouvi, depois, dos amigos, ao relatar o fato. Mas a minha consciência queria que eu ficasse com essa. Eu me senti bem por falar. O desacato do garoto não me afetou em nada. Ele não me atingiu com aquela resposta mal-educada.

Fiquei bem comigo. Isso já me basta, mas quem sabe até mesmo as pessoas que estavam na parte dianteira do carro – talvez os pais do rapaz – tenham gostado da minha intervenção. Pode ter aberto – entre eles – uma oportunidade de reflexão a respeito da cidadania, do quanto é importante ter uma atitude respeitosa para com um lugar compartilhado por todos.

Costumamos definir como má conduta algo que efetivamente fizemos. Nunca pensamos nela como uma omissão. Algo que deveríamos ter feito, mas deixamos passar, como a expressão de uma opinião ou um sentimento, oferecer uma ideia, aprovar uma decisão, reprovar um comportamento. Não se omitir diante das injustiças faz parte da virtude da integridade e é um dos exercícios da disciplina da consistência.

Vale o que a sabedoria, em latim, nos ensina: *est, est, non est, non est* (o que é, é, o que não é, não é). Ou "que vosso sim seja sim, que vosso não seja não".

A disciplina da consistência implica uma verdadeira maturidade e um profundo respeito por nós mesmos, pelos outros e pela riqueza que habita em cada um. Ela impede que os conflitos transformem-se em atritos empobrecedores, pois as divergências são utilizadas a favor da geração de riquezas.

Feito isso na sala de estar, vá de mãos dadas com o outro ao quarto misterioso, aquele em que ninguém habita. É lá que está o cofre, com um importante embora desconhecido conteúdo.

O segredo que abre o cofre está guardado dentro do próprio cofre.

### Desvendando o "ponto cego"

**Roberto:** Igor, lembro-me de você ter dito que as pessoas não o entendem na sua empresa.

**Igor:** É isso mesmo.

**Roberto:** Uma boa prática da disciplina da consistência é você relacionar tudo aquilo que você acha que faz bem como líder e também tudo aquilo que poderia fazer melhor. Depois, escolha cinco a sete pessoas das mais sinceras da sua equipe e peça a cada um que lhe aponte uma coisa que considera que você faz bem. Confronte a lista deles com a sua. O que mencionam, mas você não identifica, é o *ponto cego*. Ao juntar as 2 listas, o resultado deve ser algo assim:

| AJUSTES DA AUTOIMAGEM: MEUS PONTOS FORTES | | | | | |
|---|---|---|---|---|---|
| IGOR | nome | nome | nome | nome | nome |
|  |  |  |  |  |  |

**Igor** (preocupado)**:** Pode haver mais de um *ponto cego*!
**Roberto:** Sem dúvida! Cumprida essa etapa, vá em frente! Confronte também os pontos fracos.

| AJUSTES DA AUTOIMAGEM: MEUS PONTOS FRACOS | | | | | |
|---|---|---|---|---|---|
| IGOR | nome | nome | nome | nome | nome |
|  |  |  |  |  |  |

**Igor:** Será que eles vão mesmo colocar o dedo na ferida?
**Roberto:** Lembre-se de que a disciplina da consistência é mudar o leiaute da casa. É convidar as pessoas do seu relacionamento para a sala de estar. E, como bom anfitrião, seja acolhedor. Faça-as sentirem-se à vontade. Todos ganharão com isso!

### O poder da compaixão

**Kiko:** Achei muito bonito isso tudo. Mas de uma maneira mais concreta, o que eu posso fazer para compreender e aceitar mais os outros?

**Roberto:** Olhe para eles com compaixão.

**Kiko:** Ah, fácil, né?

**Roberto:** Se aprendemos a julgar, podemos aprender também a nos compadecer.

**Kiko:** E como treino isso?

**Roberto:** Quando olhar para alguém, abra a sua percepção para os dons e forças daquela pessoa. Acredite: existem nela reservas imensuráveis de coragem e inteligência.

**Kiko:** Você tem certeza?

**Roberto:** Tenho! E um firme propósito de viver uma vida com significado. Ao olhar para ela, reconheça que possui valores como os seus: determinação, respeito, honestidade. E que ela também tem, como você, as virtudes humanas de bondade, verdade e beleza.

Kiko escuta, atento.

**Roberto:** Olhe para ela e imagine o que os seus talentos podem fazer pela vida e pelo mundo, caso sejam usados de fato.

**Kiko:** Mas ela só tem coisas boas?

**Roberto:** Ela também tem medos, mas quer livrar-se deles. Quem sabe você pode ajudá-la, com uma palavra amiga, um gesto acolhedor. Talvez tenha sentimentos negativos, como a inveja, o ciúme. Talvez esteja confusa. Mas e daí? Todos nós nos sentimos assim vez ou outra. Então, seja bondoso e compassivo para com ela.

**Kiko:** Isso é um exercício?

**Roberto:** Sim, um exercício que você pode fazer todos os dias. Ao olhar as pessoas no ônibus, no metrô, na fila do caixa, veja-as com esse olhar. E vai ser divertido trocar momentos chatos e entediantes, por momentos de curiosidade e descobertas.

**Kiko:** Vale para todo mundo? Há pessoas desagradáveis.

**Roberto:** Faça também com elas! Você vai ver como altera a maneira como nos acostumamos a vê-las. Lembre-se: todas as pessoas possuem dons para contribuir com o mundo. Busque isso! O exercício contribui também para a descoberta dos próprios dons.

# 9 A VIRTUDE DA ENTREGA

### O medo de amar

Vimos que quando acreditamos na escassez, acionamos o instinto da autopreservação. Não conseguimos nem pensar em contribuir com o outro, porque mal conseguimos enxergá-lo. Com isso, desviamo-nos da nossa natureza.

Da mesma forma, a *tática da foca* impede que sejamos realmente o que somos. Ela nos leva a criar personagens com características que reprovamos, ao mesmo tempo que nos afastamos dos nossos valores virtuosos. Ou seja, quanto mais nos aproximamos dos valores virtuosos, mais somos criadores, mais rejeitamos ser criatura.

Além de não nos sentirmos bem representados por esses personagens ou criaturas, eles roubam a cena daquele que é o verdadeiro protagonista, o criador. Com isso, contribuímos com uma pequena parte de nós (nossos conhecimentos e habilidades), mas não com a nossa melhor parte (nossos dons, talentos e inteligências).

Vimos que a virtude da integridade nos faz ser quem somos na essência e as disciplinas dela decorrentes levam-nos a agir com coerência e autenticidade. Aí é que está o melhor, em nós. E é com isso – o que somos, não o que temos, adquirido de maneira artificial – que podemos oferecer nossas mais significativas contribuições.

O ter sempre remete a perder algo, quando a atitude é de doação. Evoca a visão de escassez. Mas o ser é inesgotável. Assim, o que somos pode ser infinitamente doado, sem nenhuma perda. É como a chama da vela, que pode acender muitas outras velas, sem que se apague.

Quanto mais doamos de nós, mais completos, plenos e integrais seremos, porque estamos em contínuo aperfeiçoamento, com a natural capacidade de contribuir ainda mais, sempre em expansão. Dignifica e é gratificante.

Quando vivemos a nossa essência, a nossa natureza humana nos torna atenciosos, verdadeiros e generosos. E também conduz-nos a que tomemos partido de algo maior fora de nós mesmos. Sugere e induz ao comprometimento. O processo é de evolução permanente, porque nos descobrimos dia a dia através da entrega, das decisões e ações do cotidiano. E a melhor maneira de expressar nosso compromisso é com o trabalho.

Para chegar a esse estágio, precisamos livrar-nos da incômoda sensação de que o mundo nos deve algo, por isso dele devemos extrair o máximo. Trata-se de inverter a seta. É preciso pensar que devemos algo ao mundo pela sorte e privilégio de ter nascido nesse planeta raro e belo, e que cada um de nós é único em todo o universo e que desperdiçar a vida que nos foi dada é a maior de todas as misérias.

Precisamos, também, livrar-nos do sentimento de que somos meros espectadores anônimos e sem identidade, espremidos na arquibancada. Precisamos acreditar na nossa vocação, para participar ativamente do jogo da vida. Com brilho próprio, de estrela, não aquele refletido pelos satélites. Basta reconhecer que tudo o que nos foi dado é para ser doado – não por acaso chamamos a isso de dons. Por sua própria natureza, existem para a contínua doação. Imagine, por exemplo, um cantor extraordinário, que, no entanto, jamais emite um som para nenhuma plateia... Deu para entender?

Mas, para doar aquilo que nos foi dado, devemos vencer o maior de todos os medos: o medo de amar. Antes de tudo, o medo de nos amar e de aceitar a riqueza que nos habita, mantendo-a escondida até mesmo de nosso consciente. É preciso amar os dons que possuímos para que possamos oferecê-los aos outros, também como um gesto de amor. Sejam quais forem as nossas riquezas exteriores, há sempre em nós uma capacidade de entrega, nem que seja a nossa atenção, a nossa presença e o nosso tempo. E também é preciso superar o medo de amar o próximo, porque este sentimento faz-nos mesquinhos, economizando migalhas da inesgotável riqueza que nos habita.

O medo de amar é reter todas essas maravilhas em nós mesmos, recusando-nos a ofertá-las a quem delas necessita. É esconder uma ou várias partes de nós mesmos. É uma recusa de amor pela humanidade, de oferecer a nossa fundamental parte para torná-la mais abundante e próspera, melhorando ao mesmo tempo o nível de vida do universo. Riqueza gera riqueza, desde que circule. Estagnada, vira miséria. Nunca se esqueça...

Se assumirmos o risco de ir além, de buscar a *metarriqueza*, seremos capazes de oferecer o que de melhor existe em cada um de nós. De ir além das nossas aptidões e de encontrar em nós outras possibilidades. É a partir da entrega que seremos capazes de descobrir a riqueza que nos habita.

A virtude da entrega remete-nos a um outro estágio de consciência. Quando oferecemos o nosso melhor, somos o nosso melhor. As miragens desfazem-se e podemos ver e, sobretudo, viver a realidade tal como ela é. Duas disciplinas vão ajudar-nos nisso: a da contribuição e da retribuição. Vamos conhecê-las de perto!

## A DISCIPLINA DA CONTRIBUIÇÃO

Lema: viver pequenos grandes gestos.

O propósito da disciplina da contribuição é colocar o trabalho na quarta dimensão (ver capítulo 5). Contribuir para quem ou para quê? Eis a pergunta que posiciona o trabalho no que ele tem de mais nobre e grandioso: servir a algo ou alguém.

Agora, atenção: ao pensar em algo grandioso, evite a tentação de fixar-se em projetos portentosos ou megalômanos. Eles não constroem riquezas, se não estão a serviço de algo ou alguém. Antes, pense nos pequenos serviços, como bem sugere a poetisa chilena Gabriela Mistral em seus versos:

> "Não caia no erro de que só se fazem
> méritos com os grandes trabalhos.
> Há pequenos serviços que são bons serviços:
> adornar uma mesa, ordenar livros,
> pentear uma criança."

O mais importante na disciplina da contribuição é criar um vínculo entre os pequenos serviços diários e aquele serviço maior de que todos fazemos parte. A moça que recepciona os clientes na entrada da academia contribui, ao seu modo, com a saúde física de quem lá frequenta. O rapaz que trabalha na secretaria da escola, naquela quase anônima e imperceptível tarefa de fazer registros, também oferece a sua contribuição para a educação dos alunos. Da mesma forma que o gari que limpa o canteiro do meio da avenida integra o conjunto de cidadãos que efetivamente melhora o nível da higiene pública.

Todo negócio é um misto de transação mercantil e relações humanas. A transação mercantil é a função econômica. Sozinha, é flor que não tem cheiro. São as relações humanas que amplificam o sentido das interações. Muitas vezes, essa maravilha concentra-se em uma intensa troca de olhares, em um sorriso ou em um sincero agradecimento. Capaz de trazer, facilmente, as emoções à flor da pele.

A disciplina da contribuição pretende colocar o trabalho nessa dimensão. Somente nesse estágio superior o trabalho será, por si só, uma fonte de significado e realização, independente – ou apesar – das recompensas externas.

### Para construir um mundo melhor

A disciplina da contribuição tem um segredo: é preciso praticá-la com intenção generosa, sem querer (ou esperar) nada em troca. Quando pensamos em contribuir, é nisso que devemos estar focados. Em nada mais. Sem nenhuma intenção de manipular, pois se isso acontecer você já sabe qual é a tática presente. Aquela mesma que as focas adoram.

Também não devemos fazer da contribuição uma relação de dependência. Emprestar dinheiro para quem não sabe equilibrar suas finanças e está sempre pedindo mais é uma contribuição inútil. O dinheiro é algo que temos, não é algo que somos (a não ser que a *tática da foca* tenha feito estragos muito drásticos). Entenda a disciplina da contribuição como algo que faz o outro ir adiante, sair do imobilismo, do mundo reduzido da escassez. É um ato de solidariedade, mas nada tem a ver com complacência ou filantropia.

Devemos contribuir com o nosso tempo, o nosso conhecimento, a nossa atenção. Devemos doar-nos com a nossa essência, com a nossa verdade. Em geral, as nossas melhores contribuições não são materiais: o carinho, o afeto, a dedicação, o apreço, a verdade. Ouvir é um gesto extraordinário de contribuição, principalmente quando essa escuta for atenta e interessada, sem julgamento ou censura. Qualquer contribuição que coloque o outro em marcha, que o livre das suas amarras, essa sim é a contribuição mais sublime.

E não espere gratidão. Em geral, ela não vem de quem recebe a contribuição. Antes, reconheça que a recompensa está em seu gesto. Na alegria que sente por contribuir e por experimentar sentimentos de autoestima e autoconfiança. A disciplina da contribuição nos leva a acionar a nossa melhor parte. Aquela que suspende os julgamentos e os preconceitos e que se oferece incondicionalmente, na forma que pareça melhor para o outro. Bem entendido: a que o outro acha que é melhor, não a que assim entendemos e queremos impor. A disciplina da contribuição visa gerar riquezas e construir um mundo melhor. Claro que esse universo nos inclui e aos que nos cercam.

Como podemos colocar em prática a disciplina da contribuição? Existem algumas atitudes mais ousadas – como entregarse por inteiro a uma causa – e gestos mais simples. Comece por esses. Eles já ajudam muito a abrir o coração. E estão ao alcance de todos nós. Você pode começar hoje mesmo! Todos são muito factíveis. Confirme, por iniciativa própria.

### Gestos pequenos, grandes contribuições

**Roberto:** Sejam bem-vindos! Há tempos queria reunir vocês três. Fico feliz de vê-los aqui e fiquei feliz em vê-los conversar tão animadamente enquanto aguardavam.

**Lélla:** Tivemos a sensação de que já nos conhecíamos! Temos atividades e posições profissionais diferentes, mas muitas coisas assemelham-se. Trocamos experiências e vimos que a disciplina da concentração deixou cada um de nós mais centrado no que precisa ser feito.

**Kiko:** Também aprendemos sobre a necessidade de se entregar por inteiro. Eu me sinto bem quando dou o melhor de mim e nem ligo se o "homem" gosta ou não. A disciplina da superação me faz lembrar disso todos os dias.

**Igor:** Confesso a vocês que eu venci uma barreira muito grande. A de lidar com as diferenças. Quando alguém discorda de mim ou diz algo contrário do que eu penso, eu entendo esse contrário como um complemento, não mais como uma oposição às minhas ideias. Dessa forma, eu estou aprendendo muito com a minha equipe de trabalho. Devo isso à disciplina da consistência.

**Roberto:** Bons progressos! Hoje, vamos ver como poderemos praticar, com gestos simples e concretos, a disciplina da contribuição. Todos nós somos dotados da capacidade de contribuir, nem que seja com apenas uma palavra, ou um gesto de solidariedade. Por exemplo: agradecer é uma forma simples de contribuir com as pessoas que nos ajudam na caminhada. Vocês agradecem costumeiramente?

**Igor:** Muito pouco!

**Lélla:** Às vezes.

**Kiko:** Sempre que me lembro.

**Roberto:** Que tal uma ação disciplinada? Vamos lá: quem vocês gostariam de agradecer?

**Lélla:** Às pessoas que fazem parte da minha vida

**Roberto:** Muito amplo! Vamos detalhar.

**Kiko:** Agradecer à empresa na qual trabalhamos e a todos que a fazem funcionar.

**Roberto:** Melhorou! Quem mais?

**Igor:** Agradecer sempre aos clientes, aos fornecedores, aos investidores, aos colaboradores.

**Roberto:** Muito bom!

**Lélla:** Agradecer o trabalho que a gente tem.

**Roberto:** É isso! É preciso dar graças à vida. Precisamos aprender a agradecer constantemente, até que a disciplina da contribuição transforme a gratidão em um hábito.

*Todos sorriram, satisfeitos com as propostas de agradecimentos e comprometidos em praticá-las imediatamente.*

**Roberto:** Uma outra forma de praticarmos a disciplina da contribuição é aprender a parabenizar.

**Lélla:** Nossa! Fazemos isso tão pouco.

**Roberto:** Que tal pensarmos também aqui numa ação disciplinada?

**Igor:** Parabenizar a equipe pelo trabalho realizado.

**Roberto:** Muito bom! Que mais?

**Kiko:** Parabenizar alguém pelo trabalho bem feito.

**Lélla:** Ou pela decisão de compra do cliente.

**Igor:** Ou pela atuação elegante do concorrente no mercado.

**Lélla:** Parabenizar o colega que atingiu suas metas e venceu seus desafios.

**Kiko:** E também a dona Palmira que faz o nosso café quentinho todos os dias. E também ao "homem", oras!

**Igor:** E todos aqueles que se empenharam e dedicaram-se diante dos seus compromissos.

**Roberto:** Ou simplesmente pelo dia do aniversário! É importante comemorar até que a disciplina da contribuição tenha feito do reconhecimento um hábito.

Que tal elaborar uma lista e planejar no papel como parabenizá-las? Algo assim:

### PEQUENOS GRANDES GESTOS

| PESSOAS A PARABENIZAR | AÇÃO EXTRAORDINÁRIA | SENTIMENTOS OBSERVADOS |
|---|---|---|
| | | |
| | | |
| | | |
| | | |

**Roberto:** Pense em fazer a essa pessoa um agradecimento especial e parabenizá-la por algo que é preciso comemorar. Ouse! Crie algo extraordinário para surpreendê-la. E concretize! Depois observe as sensações dessa pessoa a respeito desse momento e envolva-se com o que ela sente. Faça o mesmo com outra pessoa da lista. E com outra, e mais outra. Até completar a relação.

### Outros pequenos grandes gestos

Lélla, Igor e Kiko animaram-se com a proposta. E em fazer outras listas de contribuições para praticá-las na forma de disciplina. Os resultados não poderiam ser melhores. Acrescentei, por minha conta, alguns comentários. Vejam a seguir. Talvez você também queira colocar essas propostas em prática. É o que eu também decidi fazer.

**ACOLHER!**
Acolher o colega que procura você, pedindo ajuda.

Acolher o cliente que necessita – e merece – mais do que lhe está sendo entregue.

Acolher o fornecedor que precisa viabilizar suas condições de entrega.

Acolher o novo funcionário que, ainda temeroso, passa a compor a sua equipe.

Acolher o amigo que vive um momento difícil.

Acolher, até que a disciplina da contribuição tenha feito da gentileza e da empatia hábitos arraigados ao nosso modo de ser.

**SORRIR!**
Para descontrair o ambiente de trabalho, pois negócios também podem ser recreativos. Inventar atividades lúdicas para que todos se divirtam.

Sorrir para a garçonete que lhe serve o prato.

Sorrir para o entregador de correspondências.

Sorrir para as pessoas com quem compartilha o elevador.

Sorrir para o colega com quem de vez em quando discute.

Sorrir, até que a disciplina da contribuição tenha feito da alegria um hábito em nossa vida.

**REALÇAR OS PONTOS POSITIVOS!**
Sempre que alguém começar a falar mal de uma outra pessoa, ressalte as qualidades desta, mudando o rumo da conversa com elogios bem fundamentados. Mas atenção: é preciso fazer esse movimento com autenticidade.

Realçar os pontos fortes de alguém que acaba de cometer algum erro. Como forma de alento, de maneira a gerar um estímulo que leve a pessoa a recuperar a autoestima e que a faça acertar em seguida. Procurar as intenções da pessoa, antes da falha. Ter sempre em mente que errar é humano. E então enxergar o criador que existe nesse ser humano.

Valorizar tudo o que mereça destaque, até que a disciplina da contribuição nos dê um olhar de admiração e faça da apreciação um hábito.

**OFERECER AJUDA!**
Prestar atenção nas pessoas e ver como elas estão sedentas por ajuda.

Reflita sobre a melhor maneira de oferecer ajuda. Caso a caso.

É um grande conforto para quem está à nossa volta saber que pode contar conosco. Da mesma forma que é uma satisfação retribuir essa expectativa, capaz de reforçar continuamente o círculo virtuoso entre as pessoas.

**DAR E PEDIR PERDÃO!**
É preciso caminhar pela vida de um jeito solto e livre. Para isso, temos de desatar os nós dos ressentimentos. A única forma de fazê-lo é perdoar.

Perdoar é compreender o comportamento alheio (ou mesmo o nosso – sim, perdoar-se também faz parte desta lista) como um ato ou gesto que se desalinhou dos valores.

Perdoar é dizer não ao comportamento e sim aos valores.

O perdão concedido ou recebido permite à pessoa repensar o comportamento.

Perdoar é liberar o outro para viver, mas é também liberar o nosso coração ressentido para que se ocupe dos sentimentos mais leves. E nobres.

Essas são as pequenas ações do cotidiano que geram grandes repercussões, ampliando infinitamente nossa qualidade de vida e a dos que nos cercam. Cada intenção, cada decisão, cada gesto é algo que oferecemos ao mundo. Cada um de nós pode deixar a sua contribuição. Cada um de nós pode formar ou deformar o tecido. Podemos puxar um fio até rebentá-lo ou paciente e delicadamente trabalhá-lo, para que a trama se amplie e reforce.

Perdoar até que a disciplina da contribuição nos dê um coração compassivo e faça do perdão um hábito.

### Além dos pequenos gestos

Pequenos gestos preparam-nos para ações mais arrojadas. Você também pode fazer uma lista com o seguinte título: para um mundo melhor. Exemplo:

| PARA UM MUNDO MELHOR ||
|---|---|
| O QUE DISPERDIÇA E DESTRÓI RIQUEZAS | O QUE GERA E CONSTRÓI RIQUEZAS |
|  |  |
|  |  |
|  |  |
|  |  |

Ao preencher a tabela, veja como você pode contribuir direta ou indiretamente para a preservação da riqueza do mundo e a construção de um mundo mais abundante e rico, atuando nos dois lados da lista, isto é, evitando o que é negativo e contribuindo com o que é positivo. Vale a pena buscar mais conhecimento, conversar sobre o assunto com pessoas do seu relacionamento, participar de movimentos que defendem e preservam a vida, conectar a sua empresa ou o seu trabalho com esses movimentos.

E depois, abraçar uma causa! Como seria a vida se uma boa causa nos fizesse contribuir dez vezes mais para o mundo que nos cerca? Vale a pena pensar nisso. Uma causa reveste-nos de coragem para enfrentar grandes desafios e reduz a magnitude dos obstáculos que nos emperram na empresa, na família, e nos diversos outros aspectos da chamada vida pessoal. Uma boa causa nos faz ver a vida de um outro ângulo, redimensionando os problemas e as dificuldades, renovando as oportunidades e as possibilidades.

Tudo isso é *metarriqueza*, no que ela tem de mais etéreo. E sublime. Com claros reflexos no plano material, pela beleza que produz no plano espiritual.

### A DISCIPLINA DA RETRIBUIÇÃO

Lema: o maior milagre é ver milagres.

A disciplina da retribuição é o outro lado da moeda da disciplina da contribuição. Quando a gente ganha um presente, é natural que queira retribuir. Isso conserva um fluxo de energia, um equilíbrio entre o dar e o receber. Contribuir é liberar energia, retribuir é manter a energia em fluxo.

Veja como tudo funciona. Os dons, talentos e inteligências que possuímos trazem em si uma promessa de riqueza, mas somente se eles não permanecerem guardados. Se eles forem oferecidos por meio do trabalho resultarão em negócios, produtos e serviços de grande valia e utilidade. Esses negócios, produtos e serviços se conectarão com outros dons, talentos e inteligências que gerarão outras ofertas. As novas ofertas se conectarão aos nossos dons, talentos e inteligências, potencializando-os ainda mais. Essa é a lógica da disciplina da retribuição. É por isso que quanto mais contribuímos, mais recebemos, porque geramos fluxo, geramos riquezas.

Tome como exemplo o dinheiro, um tema já analisado anteriormente. A sua melhor denominação é "moeda corrente" ou "fluxo de caixa". Essas expressões denotam que o dinheiro foi feito para circular. Dinheiro em circulação é energia que gera negócios, trabalho, relacionamentos e mais dinheiro. Se o fluxo é interrompido, através da retenção ou acúmulo, teremos menos negócios, menos trabalho, menos relacionamentos e pobreza. Então, é o sistema humano que faz o dinheiro circular através de contribuições mútuas, das relações ganha-ganha que, em geral, mantêm o dinheiro em circulação. O ser humano é o elo de ligação e a figura principal de toda a cadeia de negócios.

Portanto, uma empresa é um sistema humano auxiliado por um sistema técnico, não o contrário. Compreendida dessa maneira, a verdadeira vocação da empresa é ser sinérgica (associar energias), em vez de anérgica (sem energias). O mercado, por sua vez, é o espaço onde fluem ideias, insumos, expectativas, materiais, pensamentos, mercadorias, decisões, informações, sentimentos, equipamentos, desejos, produtos, dinheiro, serviços, trabalho, necessidades, emprego etc.

Sem nos darmos conta, fazemos parte de uma grande rede. Por isso, quando menos esperamos, apresentamos uma pessoa à outra pessoa e a partir daí poderá ter início um novo empreendimento. Ou somos apresentados para uma pessoa que mudará a nossa vida, ou a uma oportunidade, ou a um lugar ou empresa. Estamos interconectados. Assim como fomos ajudados, prestamos ajuda, e muitas vezes sem perceber, tão natural é o gesto.

Tudo isso representa a disposição de contribuir e retribuir e de fazer que as pessoas contribuam e retribuam com seus dons, talentos e inteligências, enquanto se autorrealizam. Compreendida dessa maneira, a vocação do mercado é ser autopoiética (*poiese* é um termo grego que significa produção), ou seja, é um sistema capaz de recompor-se continuamente, de autoproduzir-se.

Mas autopoiese é diferente de autossuficiência. Ela não ocorre assim tão facilmente. Existe um conjunto de ações que impulsiona ou restringe esse fenômeno.

Fora do mundo da ciência, das fábricas, das usinas, das armas, do dinheiro, dos bancos, da propaganda, da venda, da compra, do lucro, existem outras coisas. A alegria de viver precede isso tudo. E é uma experiência interna, disponível para todos, portanto abundante, e independe da riqueza material ou da pobreza. Portanto, não precisamos participar do mercado e do mundo dos negócios como fantasmas famintos a extrair o máximo. A nossa alegria não depende deles.

Na essência, nada nos falta. Passamos, então, a compreender o mercado e os negócios como meios através dos quais podemos realizar-nos e desenvolver nossa vocação. Na interação positiva com os outros certamente descobriremos que não estamos cercados de competidores. E que não há necessidade de ataque ou defesa. Os outros dependem de nós, como nós dependemos deles. Essa harmonia libera toda uma gama de valores que qualificam o ato de retribuir: gratuidade, alegria, generosidade, desprendimento, tudo com a base saudável da confiança.

### O maior milagre é ver milagres

– Belmiro, decidimos ir embora... – anunciei, decidido.

– Vocês vão embora se quiserem, mas se depender de nós, vão ficar...

A resposta veio rápida e com a melhor intenção. Quem argumentava era o Belmiro, um dos proprietários do *Atibaia Residence Hotel*, local onde realizamos o processo da Metanoia durante quase uma década. O diálogo, em uma das salas do hotel, era definitivo. Dele também participava o sócio da empresa, o dr. Renato. Nossa decisão de alterar a sede de hospedagem foi consciente. Era a mais acertada, embora de alto risco. Somos exigentes no padrão de excelência e não é fácil encontrar um hotel que compreenda nossas demandas. O *Residence* também não estava mais conseguindo supri-las. Expandira seu espaço físico e o número de hóspedes e atividades, recebendo grupos de trabalho muito diferentes em si. Em alguns casos, o barulho e a confusão dificultavam a aplicação consistente de nossa metodologia. Já não atendia mais às nossas peculiaridades.

– Vocês são importantes para nós. Todos, da direção aos funcionários, temos grande estima por vocês. Afinal, são dez anos de convivência... – argumentava Belmiro, com a anuência de Renato.

– Sei disso – respondi – e a recíproca é verdadeira. Mas amizade é uma parte dos negócios. O fato é que o hotel não responde mais às nossas necessidades. Então, mantemos a amizade, mas desfazemos os negócios.

– Mas quais são essas necessidades não atendidas? O que vocês querem? – perguntou Belmiro, com a sua costumeira objetividade.

Respondi de bate-pronto, como se compartilhasse um sonho antigo, elaborado em detalhes, na imaginação:

– Queremos um hotel só para nós. Algo pequeno, com cerca de trinta apartamentos, um grande espaço para os trabalhos conjuntos e meia dúzia de outros, menores, para as atividades em grupos. Com restaurante e cardápio bem ao nosso gosto.

– Pois então nós vamos construir esse hotel para vocês – disse Belmiro, imediatamente.

Não acreditei no que ouvia. Quando ele perguntou o que queríamos, respondi na expectativa de que nos recomendaria um hotel dessas proporções naquela mesma região ou que nos dissesse algo parecido com "é uma pena, mas foi bom enquanto durou".

Nunca imaginei que ouviria uma proposta dessas, tão semelhante ao sonho que longamente acalentamos na nossa empresa.

Talvez o leitor não saiba, mas é extremamente difícil conseguir um local sob medida para desenvolver os nossos programas. E enquanto escrevo essa história, uma série de profissionais trata de concretizar a obra prometida por Belmiro. Tudo do jeitinho que queremos. E acompanhamos o andamento da obra com imensa satisfação. Como um presente dos deuses. Uma retribuição de grande envergadura e significado por uma relação que sempre se pautou pelas virtudes da atenção e da integridade.

O cantor e compositor Renato Teixeira tem um verso que diz que "o maior mistério é ver mistérios". Parodiei seu verso para o lema dessa disciplina: o maior milagre é ver milagres.

Eu acredito em milagres. Acontecem diante dos meus olhos todos os dias. E o tempo todo. Para mim é um milagre acordar pela manhã, espreguiçar-me e retomar os sentidos. E ver que a vida se renova a cada dia.

Também vejo milagres ao abrir a janela e ver que o sol garantiu mais uma volta desse nosso planeta tão maltratado, ao redor de si mesmo.

Também é um milagre essa maravilhosa visão de brilho, luz e calor. Da mesma forma que sentir o frescor da água, ao lavar o rosto. Que também lava as nossas células. Só a água já é um grande milagre! Aliás, tudo o que a Terra é capaz de oferecer, espontaneamente, por intermédio de seus diferentes ciclos e paisagens, ou pelo trabalho do homem, ao semear e cuidar das plantações.

Outro milagre é o que o fogo é capaz de fazer com os alimentos, quando a gente prepara a refeição. E ainda o que o ar nos proporciona, ao encher nossos pulmões, garantindo oxigenação a todos os nossos órgãos.

Estamos cercados de milagres, a começar do sopro que garante a própria vida.

A disciplina da retribuição implica manter os olhos abertos para ver os milagres que nos cercam e as mensagens que eles nos trazem. Eles vêm para todos, mas nem todos estão preparados para enxergá-los. E reconhecê-los.

É um tanto difícil racionalizar sobre algo que vai além do intelectual. Mas vou tentar. É algo assim: recebe gratidão quem é grato. Quem não é capaz de expressar a sua gratidão, também não é capaz de reconhecê-la, mesmo quando alguém a oferece. Ninguém reconhece aquilo que não conhece. Quem é avaro ao contribuir, também sofre avareza ao receber contribuições ou retribuições. Quem dá abraços econômicos, recebe abraços comedidos.

Então, é preciso estar aberto para contribuir, mas é preciso estar aberto também para receber contribuições. E não se trata de movimentos distintos. É um conjunto, um todo. Indissolúvel.

Aceitar a contribuição do outro é também uma forma de contribuir. Faz com que o outro sinta-se feliz. Muitas pessoas, ao citar os momentos em que se sentiram realizadas, fazem referências às situações em que prestaram ajuda, foram oportunas e contribuíram.

### O simples que resolve tudo

**Lélla:** Estou amando praticar a disciplina da contribuição. Vocês sabem, né? No início a gente resvala e quando vê está fazendo tudo do mesmo jeito. Por isso é que precisamos de uma disciplina.

**Kiko:** Mas é tudo tão simples. Sorrir, por exemplo, é tão simples e abre tantas portas.

**Igor:** É! Mas dar e pedir perdão não achei nada fácil.

**Roberto:** É que nem sempre o comportamento acompanha a atitude. A intenção precede a ação. É preciso, antes, uma forte atitude de querer. Daí seremos capazes de incorporar os comportamentos que contribuem para a construção de riquezas.

**Lélla:** Mas, pelo que tenho notado, adotar comportamentos que constroem riquezas também fortalecem o nosso querer. Ou seja, a ação também reforça a intenção.

**Kiko:** Concordo com a Lélla. Também noto que quando pratico a disciplina da contribuição, aumenta a minha fé.

**Igor:** Na verdade, aflora em cada um de nós essa virtude da entrega que o Roberto nos mostrou.

**Roberto:** Vocês estão certos! É isso mesmo. A virtude sugere a disciplina e a disciplina reforça a virtude. Mas, agora, vamos conhecer algumas práticas que podem ajudar no exercício da disciplina da retribuição. Experimentem fazer uma lista das várias alegrias que o trabalho lhes traz (em um dia, uma semana, um mês). Algo assim:

### ALEGRIAS NO TRABALHO

| FATOS, ACONTECIMENTOS, ATIVIDADES E PROJETOS | OBSERVAÇÕES ORDINÁRIAS | OBSERVAÇÕES EXTRAORDINÁRIAS |
|---|---|---|
|  |  |  |
|  |  |  |
|  |  |  |
|  |  |  |

**Roberto:** Pensem nas coisas ordinárias e corriqueiras e sintetizem na segunda coluna. Depois, busquem o extraordinário que existe em cada uma delas. Reconheçam as dádivas recebidas. Atualizem essa lista todos os dias. Vocês se espantarão com a quantidade de alegrias diárias que lhe são oferecidas com generosidade, abundância e gratuidade.

**Kiko:** Poderíamos também fazer uma lista mais abrangente, relacionando as alegrias que a vida nos traz.

**Roberto:** E por que não? O importante é esse olhar que busca o extraordinário nas entrelinhas do ordinário.

**Igor:** Tudo isso parece muito esclarecedor – seu semblante reflete a troca das suas "verdades" pela paciência e reflexão. – Essas atitudes de agradecer, parabenizar, acolher, sorrir... É tudo tão óbvio...

**Roberto:** ... e capaz de devolver a esperança para tanta gente! Às vezes saímos em busca de soluções em teorias complexas. Procuramos um segredo escondido nos recônditos de algum livro oculto. Mas a mesa está posta! Tudo às claras, basta querer ver!

**Lélla:** É... a gente demora muito para aprender – diz, com os olhos marejados.

**Roberto:** Mas esse é o desafio de todos nós: aprender, enquanto geramos riquezas para nós e para os outros. Vamos falar mais sobre isso no próximo capítulo.

## 10  A DISCIPLINA DAS DISCIPLINAS

### A disciplina do cultivo

Lema: eu me transformo naquilo que cultivo.

Se você chegou até aqui e colocou em prática algumas das disciplinas apresentadas, certamente já está colhendo frutos, que por sua vez aumentarão seu entusiasmo para ir além. Mas, se ainda nada fez, então precisamos ter outro tipo de conversa. Não é por osmose que os conhecimentos são incorporados. É pelo exercício, pela ação concreta. Riqueza não se obtém assim, pela simples espera. Muito menos a *metarriqueza*.

Uma disciplina, como vimos, implica prática persistente e perseverante. Você verá que não se trata tanto de ser capaz, ou de poder. Depende da vontade, do querer. Também vimos que disciplina implica adiar a satisfação, renunciar à recompensa, principalmente quando esta advém dos "peixes tóxicos". De certa forma, a disciplina – na velha e tradicional acepção – sugere substituir a gratificação pelo sofrimento. E aí, os pelos eriçam-se. Uma palavra tenebrosa foi evocada: sofrimento.

A nossa cultura e a nossa sociedade rejeitam essa palavra. Prova disso é que inventam tantas coisas para exorcizá-la: dos produtos alimentícios aos supérfluos, dos bens de consumo aos duráveis, dos entretenimentos às drogas. Existe uma mensagem subliminar falando aos nossos ouvidos: não sofra, gaste! Sofrimento é algo a ser combatido com o prazer e a felicidade. Se a felicidade é o alvo principal, o sofrimento é o que nos desvia desse alvo. Deve, por isso, ser evitado a todo custo.

Em uma festa, somos compelidos a sorrir. Um semblante reflexivo ou pensativo não é nada simpático em um local onde todos parecem ter combinado dia e hora para usar a máscara do riso fácil, muitas vezes destituído de conteúdo. Uma criança não sai na fotografia enquanto não parar de chorar. O choro simboliza o sofrimento. E emoções como a tristeza e a desilusão não são bem-vindas. Aprendemos a economizar as lágrimas desde cedo. E também as nossas emoções.

Assim, trocamos a nossa sensibilidade pela alegria banal. Fomos acostumados – eu diria até, sem receio de errar, treinados – dia após dia a evitar o sofrimento, a dor alheia, as injustiças, as mazelas da vida. Acostumamo-nos a olhar a miséria como parte da paisagem natural. Não há espaços para a utopia e os grandes sonhos. Afastamos o sofrimento, mas também a capacidade de compadecermo-nos do outro, de apaixonarmo-nos por boas causas e de tentar fazer do mundo um lugar melhor. A omissão toma o lugar da indignação. O riso banal substitui as lágrimas que teimamos em engolir. E assim seguimos enganando-nos e enganando aos outros, levando a vida na frequência modulada. Muito cedo aprendemos a trocar a autenticidade pelas aparências.

Fazemos misérias para não sofrer. E aí está o ponto: não se trata apenas de uma frase coloquial. Produzimos misérias enquanto evitamos o sofrimento. Produzimos misérias quando preenchemos o nosso tempo com ocupações que não geram riquezas de nenhum tipo, mas causam tremenda destruição. É o caso dos muitos entorpecimentos que literalmente corroem a beleza e o sentido de nossa vida: as drogas, as seitas, os jogos de azar e todo o tipo de corrupção agregada ao mundo dos narcóticos.

Então, precisamos aceitar que nem todos os dias são dias de festa. Se todo o dia fosse de festa, não haveria festa. E tão bom como a festa é esperar por ela. O sentimento da esperança pode gerar tanta ou até mais felicidade do que a comemoração em si.

É no sofrimento que crescemos. Inútil tentar substituir pensamentos negativos por pensamentos positivos. A questão está em ter consciência de ambos e das emoções que eles despertam. A aceitação das nossas emoções, tanto negativas como positivas, faz-nos aceitar também as dos outros. E permite avançar no autoconhecimento.

Assim é a vida: teremos momentos de luz e outros de sombras. Momentos de imensa felicidade e momentos de solidão e aflição. Está nos ensinamentos: o que não nos mata nos fortalece.

### Kit Riqueza

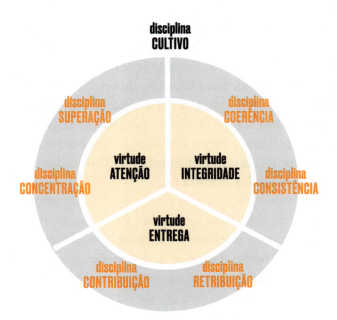

A disciplina do cultivo é um tipo de disciplina para a disciplina. Por isso, não está vinculada diretamente a nenhuma das três virtudes. Embora não esteja diretamente vinculada, está estreitamente atrelada a todas as virtudes e disciplinas. Isso porque a disciplina do cultivo é o exercício contínuo do compromisso. Compromisso com a vida. Que nos faz adiar a satisfação, aceitar o sofrimento e evoluir para a *metarriqueza*, o estágio mais avançado de construção de riquezas.

### A sabedoria do cultivador

O cultivador sabe que a roseira oferece toda a beleza da rosa e também o perfume. E é bom apreciar essa flor em toda a sua inteireza, da textura de suas pétalas ao aroma que exala. O bom cultivador sabe, no entanto, que esse prazer não vem sozinho. A roseira tem espinhos. Então o que faz o cultivador? Aprende a se comprometer com a roseira por completo e isso inclui a rosa, o seu perfume e os espinhos. O bom cultivador ama a roseira do jeito que ela é.

Ser cultivador não é a mesma coisa que estar em conflito e em competição com os outros. Isso fazem os guerreiros e os jogadores, que vivem a vida como se fosse um campo minado ou de provas.

Um cultivador também enfrenta desafios e lutas, mas aqueles que constroem riquezas, e não o contrário. Por isso, a disciplina do cultivador é também combate, mas o bom combate, aquele que intercede contra o que impede uma vida de ser abundante.

Todos nós já sentimos, algumas vezes, o gostinho de cultivar. Foi quando trocamos a dúvida pela confiança; quando produzimos muito, sem tanto esforço; quando sentimos coerência e conexão na comunicação com os outros; quando a vida nos pareceu mais significativa e valorosa; quando milagres inexplicáveis aconteceram, facilitando demais a caminhada; quando percebemos que a sorte está do nosso lado. Quando tudo parece se encaixar: o trabalho, a empresa, a casa, a família, a parceria amorosa etc.

Na verdade, nós nos sentimos cultivadores quando agimos de acordo com a nossa essência, com a parte mais elevada e completa do nosso ser. Quando somos capazes de trazer à luz a nossa vocação.

Ao procurar e encontrar a sua riqueza interior – e isso acontece quanto mais se vive a essência – o cultivador vai reconhecê-la no próximo. É quando consegue vislumbrar a abundância e a riqueza que mora em cada pessoa e habita o mundo.

## Compromisso com a riqueza

"O que é o tesouro de um homem,
 senão o conjunto dos seus frutos, a colheita da sua fadiga?
Aquilo que cada um semeia, colhe.
A recompensa é tal e qual o trabalho de cada um.
Onde há alegria e amor, o coração
 dedica seus cuidados."

*Leão Magno*

A disciplina do cultivo compromete-nos com a vida. Faz parte do desafio da travessia. Coloca-nos em marcha. Nessa marcha, aprendemos a aceitar o sofrimento, que ora se apresenta como crise, ora se apresenta como caos. É um eterno movimento de fluxo e influxo, de vitórias e derrotas.

Precisamos colocar-nos em marcha com os olhos abertos para enxergar a cada passo o que é importante. Mas, para isso, é preciso combater as miragens que nos tornam cegos para o essencial.

O mais importante da disciplina do cultivo é que, sempre que fazemos uma escolha ou tomamos uma decisão e adotamos determinada atitude no sentido de valorizar a vida e viver a essência, nós não estamos simplesmente agindo, estamos dissipando as nossas miragens e transformando-as em imagens reais.

É o que acontece quando vivemos o presente e prestamos atenção nas pessoas e em nós mesmos.

É o que acontece quando levamos nossa vida como uma vocação e agimos com base nos valores mais virtuosos, capazes de impulsionar as nossas ações na direção do bem comum.

É o que acontece quando, com nossas contribuições, somos capazes de descobrir em nós mesmos as nossas qualidades de generosidade, solidariedade e compaixão.

Nós nos transformamos a cada dia quando cultivamos o nosso jardim. E o nosso jardim, uma vez cultivado, transforma outras pessoas em cultivadores.

## 11   A RIQUEZA NUTRE-SE DA RIQUEZA

### A Grande Obra

"O universo, além de todas as suas misérias,
tem um destino de felicidade.
Temos de reencontrar o paraíso."

*Gaston Bachelard*

Moro próximo de um parque. Uma vez ou outra vou até lá para uma caminhada ao redor do lago. Gosto de ver o reflexo da luz do sol esverdeando a água ao transpor as folhagens daquelas centenárias árvores que persistem em oferecer frescor e sombra. Gosto também de ver os gansos nadando mansamente ao ritmo da vida. Também acho divertido ouvir o grasnar dos patos incomodados com as crianças que não os deixam em paz, rompendo o silêncio daquele ambiente bucólico.

Fiz uma pausa na escrita e fui até lá. Mas entre a minha casa e o parque existe um cemitério. Nesse dia, nem sei por que, me deu vontade de acessar o parque atravessando o cemitério em vez de contorná-lo, como sempre faço. E por lá caminhei, entre jazigos e lápides. O silêncio convidava à reflexão. Desacelerei e comecei a pensar: como será que eles viveram? Será que passaram a maior parte da vida lutando pela sobrevivência? Será que passaram uma vida inteira perseguindo a riqueza? Será que tiveram vida de foca ou de gente?

Lembrei-me da história de Alfred Nobel, que teve a sorte de ler o próprio obituário. E espantou-se, não propriamente com a notícia equivocada, mas com o conteúdo ali impresso, a seu respeito. Um jornal francês, por equívoco, em abril de 1888, noticiou a sua morte chamando-o de "mercador da morte", como responsável pelo extermínio de milhares de pessoas. Era tratado ali como um gênio do mal.

Alfred Nobel, nascido na Suécia em 1833, fez fortuna com suas inúmeras invenções na área de explosivos, dentre elas a dinamite, que passou a ser utilizada em grande escala no final do século XIX. Tornou-se dono de um grande império industrial e, portanto, havia conquistado fama e fortuna. Mas o que leu no jornal o deixou atônito. Ardeu na carne o conceito que a posteridade faria a seu respeito e como seria lembrado. Foi quando deu uma guinada na sua vida. Instituiu o Prêmio Nobel como reconhecimento aos mais dignos cientistas, dedicados ao bem da humanidade.

Foi por estar diante de seu obituário que Nobel trocou a miséria produzida pelas guerras e a antirriqueza pela verdadeira riqueza, aquela que luta pela vida.

Atualmente, Alfred Nobel – que a tempo pôde mudar o curso de sua história – é lembrado pelos prêmios que prestigiam a vida e contribuem para o progresso da humanidade. Ao morrer, em 1896, deixou uma grande fortuna para a criação de uma fundação que deveria financiar, anualmente, cinco prêmios internacionais no campo da Física, Química, Medicina, Economia e Literatura, mas seu testamento especificava também um prêmio para quem mais se empenhasse em prol da paz e da amizade.

Uma boa notícia: estamos vivos! E, assim como Nobel, cada um de nós também pode mudar ou ajustar o rumo da sua história. A vida, assim como a arte, exige um processo de revisão, de atualização, de recriação constante. Assim como Nobel, nascemos para descobrir a vida que nos habita, a nossa consciência, os nossos dons e talentos, não apenas para ter sucesso e, lá um dia, morrer.

Por isso, é bom pensar na existência como um convite que recebemos para contribuir com uma Grande Obra. E de enxergar essa Grande Obra como um imenso jardim, sob os cuidados da humanidade, mas cabendo a cada um o seu canteiro particular. Tratemos de fazer o máximo com a parte que nos foi confiada.

Para participar como cocriadores dessa Grande Obra, contamos com três virtudes: a da atenção, que nos permite enxergar o jardim e oferecer a ele os mais ternos cuidados; a da integridade, que nos faz atuar nesse jardim não como seres perfeitos, mas do jeito que somos, com nossas qualidades e defeitos; e da entrega, que nos pede trabalho ativo, de preparação da terra, de semeadura, de rega e de poda, sem os quais o jardim não florescerá. *Metarriqueza* não se constrói apenas com intenção, mas com ação efetiva e consistente.

Temos a sorte de escrever o nosso obituário ainda em vida: "Como gostaríamos de ser lembrados?", "O que gostaríamos que dissessem de nós os nossos familiares? E os nossos amigos? E os nossos funcionários? E os nossos clientes? E os nossos concorrentes? E os nossos vizinhos?". "Qual é a contribuição que gostaríamos de deixar para essa Grande Obra?" "Ao olhar para trás, quais as pegadas de que nos orgulharíamos?"

Em cada um de nós há uma realidade maior do que somos capazes de identificar. Existe um eu mais inteligente, mais criativo e mais amoroso ávido por entrar em cena.

O jardim é a promessa do paraíso, mas ele está dentro e fora. Dentro, ele recebe o nome de virtudes, fora ele recebe o nome de obra. Se a obra reflete as nossas virtudes, então conseguimos contribuir com a nossa riqueza enquanto construímos riquezas.

Se cultivarmos em nós esta vontade de fazer o bem, de descobrir a realidade, não há dúvidas de que logo estaremos certos de que não existe escassez e nem há nada a lamentar. Tudo o que temos a fazer é dizer sim. Os obstáculos na travessia serão vencidos, sem impedir a caminhada à frente.

As riquezas que nós somos plenamente capazes de criar nutrem-se da Riqueza!

# EPÍLOGO

### A maior riqueza

"Você usaria um precioso manuscrito
para acender o fogo?"
*Anthony de Mello*

Quem sabe você esperasse um manual cheio de fórmulas para enriquecer, fazer fortunas. Mas a essa altura, você bem sabe que optei por falar de uma riqueza mais ampla, que denominei *metarriqueza*, aquela que cumpre a promessa de uma vida na abundância.

Nesse sentido, este é um livro sobre a vida. Não por acaso, abro este capítulo final com a instigante frase do jesuíta Anthony de Mello. Suponha que esse precioso manuscrito de que fala seja a sua vida: você aceitaria gastá-la ingloriamente, fixando-se apenas nos estreitos limites da sobrevivência? Parece não haver dúvidas quanto à resposta, mas, paradoxalmente, é isso que muitos de nós fazemos. Incineramos nossas vidas perseguindo uma riqueza que não sacia. Somos como peixes nadando a esmo por oceanos sem fim e... à procura de água.

Viva a sua vida na riqueza! Isso você pode fazer (e só você pode fazer).

A sua vida será mais rica quando você for capaz de vivê-la no estado da arte e revesti-la de beleza. Para isso, transforme-se em um virtuose da atenção, oferecendo ternura e cuidado a todos que o cercam e a tudo que faz, como quem embala uma criança na paz do seu sono. Esse é o seu primeiro desafio!

A sua vida será mais rica quando você for capaz de vivê-la na verdade. Transforme-se em um virtuose da integridade, oferecendo os seus valores e praticando as suas virtudes, sem subterfúgios, sem máscaras, assim mesmo, com as suas qualidades e defeitos, do jeito que todos gostam. Esse é o seu segundo desafio!

A sua vida será ainda mais rica quando você for capaz de vivê-la na bondade. Esse é o seu terceiro desafio: tornar-se um virtuose da entrega e oferecer-se por inteiro, sem se amesquinhar e sem se economizar, de braços abertos, como quem vive a vida ao ar livre.

Oriente-se todos os dias por esses três desafios. Eles os conduzirão à *metarriqueza*. Tudo o que você precisa fazer é manter-se no fluxo! E então, dê um passo a mais. Cada passo já é uma conquista, um aprendizado, uma parte da riqueza. A cada passo você descobrirá parte do seu tesouro escondido. A cada passo você se transformará numa pessoa mais rica, assim como o mundo ao seu redor. E lembre-se: você não está sozinho! Faça desse livro um aliado. Busque inspiração nas virtudes e reforço nas disciplinas sempre que precisar.

Você usaria um precioso manuscrito, a sua vida, para acender fogo? A resposta é sim se esse é o fogo que impulsiona o primeiro passo, que o coloca em marcha, que faz da sua vida uma bem-aventurança.

Existe riqueza maior que essa?

*Lélla, Igor e Kiko são personagens fictícios, embora os diálogos sejam muito realistas. Traduzem indagações e indignações que ouço com frequência. Aliás, como bons porta-vozes, fizeram-me um último pedido: um quadro-síntese que reúna os conceitos tratados no livro. Penso que seja também do agrado dos leitores.*

# QUADRO-SÍNTESE

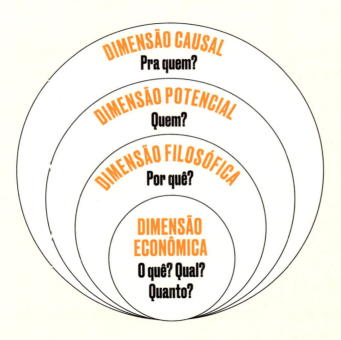

## KIT RIQUEZA

- disciplina **CULTIVO**
- disciplina **SUPERAÇÃO**
- disciplina **COERÊNCIA**
- disciplina **CONCENTRAÇÃO**
- disciplina **CONSISTÊNCIA**
- disciplina **CONTRIBUIÇÃO**
- disciplina **RETRIBUIÇÃO**
- virtude **ATENÇÃO**
- virtude **INTEGRIDADE**
- virtude **ENTREGA**

| DISCIPLINA | LEMA |
|---|---|
| CONCENTRAÇÃO | Concentrar-se nos poucos vitais, evitar os muitos triviais. |
| SUPERAÇÃO | Superar o ontem! |
| COERÊNCIA | Por hoje, basta! |
| CONSISTÊNCIA | Sim-sim-não-não. |
| CONTRIBUIÇÃO | Viver pequenos grandes gestos. |
| RETRIBUIÇÃO | O maior milagre é ver milagres. |
| CULTIVO | Eu me transformo naquilo que cultivo. |

**OS TRÊS D'S**

DESESPERANÇA
DESALINHAMENTO
DESATENÇÃO

**AS MIRAGENS**

de que o melhor ataque é a defesa

do leite das crianças

de ser o número 1

da agenda lotada

de que o porco só engorda aos olhos do dono

de que dinheiro compra tudo

do paraíso futuro

## BIBLIOGRAFIA COMENTADA

Nem sempre nos damos conta de quanto os livros moldam os nossos pensamentos e influenciam as nossas ideias. Ao ler, apropriamo-nos da obra de tal maneira que pensamos ser nossa.

Ledo engano! Somos apenas porta-vozes de infinitas outras vozes com as quais aprendemos ao longo do tempo.

Dessa forma, não sei se conseguirei partilhar com vocês todos os autores que me influenciaram nesse meu trabalho de tecelão. Alguns, porém, estão muito vivos em minha memória. E são esses que compartilho a seguir.

Mas, antes, devo admitir que a maior parte dos conceitos e ideias apresentados provêm da experiência viva com metanoicos, líderes de empresas e negócios que muito me ensinam sobre vida e trabalho, determinação e garra, realização e fé.

## Sobre administração

BLOCK, Peter. *Comportamento organizacional.* São Paulo: MBooks, 2004.
Block é um dos mais lúcidos pensadores organizacionais de todos os tempos.

McGREGOR, Douglas. *O lado humano da empresa.* São Paulo: Martins Fontes, 1980.
Uma obra atual e definitiva publicada originalmente em 1960 e precursora da empresa mais humana e da gestão participativa.

PETERS, Tom. *Reimagine!* São Paulo: Futura, 2004.
O autor, sempre instigante e provocador, está disposto a não deixar as coisas como estão.

## Sobre psicologia

CSIKSZENTMIHALYI, Mihaly. *Gestão qualificada.* São Paulo: Artmed, 2004.
O autor é um psicólogo dedicado a conectar os negócios e o trabalho a outras esferas da vida.

FRANKL, Viktor E. *Em busca de sentido.* Rio de Janeiro: Vozes, 1997.
Frankl é um psiquiatra austríaco e estudioso da natureza humana nas situações mais adversas.

MASLOW, Abraham H. *Maslow no gerenciamento.* Rio de Janeiro: Qualitymark, 2000.
Textos soltos e recuperados, alguns deles verdadeiras pérolas da psicologia e da administração.

## Sobre educação

FREIRE, Paulo. *Educação e mudança*. Rio de Janeiro: Paz e Terra, 1981.
Se o mestre tivesse escrito apenas este único e pequeno livro, já estava de bom tamanho.

GARDNER, Howard. *Inteligências múltiplas*. Rio de Janeiro: Artes Médicas, 1993.
Gardner é um pesquisador que ampliou o conceito das inteligências humanas em obra ainda inacabada.

ROGERS, Carl R. *Tornar-se pessoa*. São Paulo: Martins Fontes, 2001.
Um clássico sobre a terapia nas relações humanas.

## Sobre economia

BRUNI, Luigino. *Comunhão e as novas palavras em economia*. Vargem Grande Paulista: Cidade Nova, 2005.
O autor é um economista com um olhar sobre a abundância.

HANDY, Charles. *Além do capitalismo*. São Paulo: Makron Books, 1999.
Uma reflexão ponderada e responsável sobre os efeitos do modelo econômico vigente em nossa vida.

SCHUMACHER, E. F. *O negócio é ser pequeno*. Rio de Janeiro: Jorge Zahar, 1973.
Um estudo de economia que leva em conta as pessoas.

## Sobre filosofia

BUBER, Martin. *Eu e tu.* São Paulo: Centauro, 1974.
Se o assunto é relacionamento humano, esta é uma obra completa e responsável.

SOLOMON, Robert. *A melhor maneira de fazer negócios.* São Paulo: Negócio Editora, 2000.
O autor é um filósofo dedicado a pensar a ética nos negócios.

CAMPBELL, Joseph. *O poder do mito.* São Paulo: Palas Athenas, 2001.
O autor é considerado a maior autoridade no campo da mitologia.

## Sobre espiritualidade

BONDER, Nilton. *A cabala do dinheiro.* Rio e Janeiro: Imago, 1999.
Rabino com função de líder espiritual da Congregação Judaica do Brasil.

LELOUP, Jean-Yves. *Carência e plenitude.* Rio de Janeiro: Vozes, 2001.
Sacerdote hesicasta, um místico, inspirador e mestre da espiritualidade.

MELLO S. J., Anthony de. *Despertando para o eu.* São Paulo: Siciliano, 1990.
Membro da província jesuíta de Bombaim, o autor é um inspirado contador de histórias.

### Sobre poesia e prosa

ALVES, Rubem. *Pensamentos que penso quando não estou pensando.* Campinas: Papirus, 2007.
Lições sobre a natureza humana na forma de prosa.

ASSIS, Machado de. *O espelho* (Coleção Os Melhores Contos de Machado de Assis). São Paulo: Global Editora, 1983.
Um conto que retrata a vida de um indivíduo dividido entre duas almas. Contado com a maestria do maior escritor brasileiro de todos os tempos.

PESSOA, Fernando. *Quando fui outro.* Rio de Janeiro: Objetiva, 2006.
Lições sobre a natureza humana na forma de poesia.

www.robertotranjan.com.br
facebook.com/RobertoTranjan
LinkedIn: Roberto Tranjan
Instagram: @robertotranjan
roberto.tranjan@metanoia.com.br

METANOIA – Propósito nos negócios
www.metanoia.com.br
facebook.com/metanoiapropositonosnegocios

FONTES  Druk, Register
PAPEL  Alta alvura 90 g/m²
IMPRESSÃO  RR Donnelley